经典云南

东方威尼斯：丽江大研镇

谢晓霞 ◎ 编著

云南出版集团公司
云南教育出版社

图书在版编目（CIP）数据

东方威尼斯——丽江大研镇 / 谢晓霞编著. —昆明: 云南教育出版社, 2012.2
（经典云南丛书）
ISBN 978-7-5415-6215-0

Ⅰ.①东… Ⅱ.①谢… Ⅲ.①乡镇–概况–丽江纳西族自治县 Ⅳ.①K927.45

中国版本图书馆CIP数据核字(2012)第015348号

书　名	东方威尼斯：丽江大研镇
作　者	谢晓霞
策划人	李安泰　杨云宝
组稿人	吴学云　邹悦悦
出版人	李安泰
责任编辑	邹悦悦
装帧设计	向　炜
责任印制	赵宏斌　张　旸

云南出版集团公司
云南教育出版社 出版发行

昆明市环城西路609号 www.yneph.com

全国新华书店经销
云南新华印刷实业总公司一厂印刷
2012年9月第1版　2012年9月第1次印刷
787毫米×1092毫米　1/32开本　2.75印张　74千字

ISBN 978-7-5415-6215-0
定价 4.80元

总　序

云南，从渺远神秘而又带着蛮荒色彩的"彩云之南"走到今天，一步一个脚印跋涉在中华大地上。

云南山水，多娇诱人。

闻名遐迩的喀斯特地质奇观石林，奇妙无比。

迷人的高原深水湖泊抚仙湖，凝波如玉。

秘境香格里拉的高山草甸，杜鹃如火；巍峨雪山，苍茫古远。

低纬度的明永冰川，从古流到今；高黎贡山的各色鲜花，从冬开到夏。

大理的风花雪月，丽江的小桥流水，版纳的原始森林，腾冲的地热奇景，泸西的阿庐古洞，怒江的东方大峡谷，令人陶醉。

七彩云南，蕴涵的又何止是奇山美水？！

这里，有寒武纪早期生物大爆炸的典型：澄江动物化石群。这里，诞生了中国最古老的人类：元谋人。这里，曾崛起过古滇国、哀牢国、南诏国、大理国。这里，有蜀身毒道、秦五尺道、茶马古道、滇缅公路、驼峰航线。这里，有世界上唯一活着的象形文字"东巴文"。这里，出现了中国第一个海关、第一座水电站、第一条民营铁路。

这里，有与黄埔军校齐名的云南陆军讲武堂。

这里，爆发过反对清王朝统治的重九起义。

这里，在袁世凯复辟帝制时，率先通电全国，举起了护国运动的大旗。这里，举办过名垂青史的西南联大，并爆发了震惊全国的"一二·一"运动。这里，曾经涌现了杨振鸿、张文光、蔡锷、李根源、唐继尧、庾恩旸、刀安仁、杨杰等一个个热血汉子；这里，也曾经孕育出书法家钱南园、医药家兰茂、数学家熊庆来、军事家罗炳辉、哲学家艾思奇、音乐家聂耳、诗人柯仲平、舞蹈家杨丽萍、诗书画三绝的担当大师等文化奇才。

朱德、叶剑英，在这里留下了坚实的足迹；徐霞客、杨慎，在这里留下了自己的千古绝唱。

这里还有神奇的云南白药、剔透如玉的云子、独树一帜的普洱茶。

这里的僰人悬棺、纳西古乐、摩梭走婚、白族三道茶、彝族跳菜等滇人风貌和民族风情，更是诉说不尽。

"经典云南丛书"像一根线，把散落于三迤大地的粒粒圆润闪亮的珍珠串连起来，呈现于您的眼前，让您清晰地看到云南山水奇观、人文历史和民族风俗的经典篇章，让您在愉快的阅读体验中增加知识、增长见闻、解密未知。

"经典云南丛书"为百科式解读云南的通俗性读物，融知识性、趣味性、探秘性与时代性为一体，以一种新的视角和叙述方式展现云南的独特之美，以满足人们了解云南、探秘云南、遨游云南的愿望，希望我们所做的一切已达到了。

编　者

目　录

一、风光篇　琵琶弦上说相思 ·········· 1

 1. 高原上的水乡姑苏 ·········· 1

 2. 瑰丽的世界文化遗产 ·········· 2

 3. 丽江古城的历史 ·········· 4

 4. 古城的心脏 ·········· 6

 5. 兴盛的酒吧文化 ·········· 8

 6. 艳遇之都 ·········· 9

 7. 令人流连忘返的丽江客栈 ·········· 11

 8. 桥城——丽江 ·········· 12

 9. 丽江古城的维护措施 ·········· 12

二、地理篇　山城无处不飞花 ·········· 16

 1. 丽江地理位置 ·········· 16

 2. 丽江古城的灵魂——水 ·········· 16

 3. 丽江的气候特点 ·········· 17

 4. 植物的王国——丽江 ·········· 19

 5. 动物的乐园——丽江 ·········· 20

三、民俗篇　欲说还休道不尽 ·········· 21

 1. 丽江民居建筑的特点 ·········· 21

 2. 白沙民居建筑群 ·········· 23

 3. 丽江的标志性建筑——万古楼 ·········· 23

 4. 融合了多民族建筑风格的五凤楼 ·········· 24

5. 丽江的"大观园"——木府 …………………………………… 25
6. 丽江的水车 ………………………………………………… 28
7. 丽江古城的匾额 …………………………………………… 28
8. 丽江的美食特产 …………………………………………… 28
9. 丽江的"骡马盛会" ………………………………………… 32
10. 纳西族的"棒棒会" ………………………………………… 33
11. 天然书法家的古城人 ……………………………………… 33
12. 忙碌的纳西女人,悠闲的纳西男人 ……………………… 34
13. 爱兰的纳西人 ……………………………………………… 35
14. 五颜六色的纳西服饰 ……………………………………… 36
15. 纳西族宗教与人生礼仪 …………………………………… 36
16. 丽江纳西族婚嫁 …………………………………………… 39
17. 纳西族的"情死"文化 ……………………………………… 42

四、文化篇　神秘古老的东巴文化 …………………………… 47

1. 神秘的东巴文化的历史起源 ……………………………… 47
2. 世界上唯一活着的象形文字 ……………………………… 48
3. 纳西文学之源的《东巴经》 ……………………………… 51
4. 东巴仪式的种类 …………………………………………… 54
5. "祭天"、"祭署"、"祭风" ………………………………… 54
6. 东巴文化中的"祭丁巴什罗" ……………………………… 55
7. 东巴文化中的"素神" ……………………………………… 55
8. "汝众华"仪式 ……………………………………………… 55
9. 纳西人的占卜方法 ………………………………………… 56

10. 受欢迎的东巴宫 ··· 56

11. 东巴艺术品中的雕塑艺术 ····································· 57

12. 东巴绘画的内容和特点 ·· 59

13. 《神路图》 ·· 59

14. 东巴教的木牌画 ··· 60

15. 丽江壁画 ·· 63

16. 旅游者不得不听的音乐盛宴 ·································· 65

17. 《白沙细乐》——活的音乐化石 ····························· 67

18. 洞经会 ··· 68

19. 丰富多样的东巴舞 ··· 69

20. 热美磋 ··· 70

五、束河篇　束河古镇 ·· 72

1. 束河的由来 ·· 72

2. 束河的地理位置 ··· 72

3. 束河的气候 ·· 73

4. 茶马古道博物馆 ··· 73

5. 皮革之乡 ·· 74

6. 束河八景 ·· 74

7. 束河影视基地 ·· 77

一、风光篇 琵琶弦上说相思

丽江,滇西北一个梦幻的王国,不曾真切地去感受它的一切,就不算来过云南。丽江,成了许多人心底的一个梦,仿佛轻轻一触,就碎了。午夜梦回,多少次一个人背上行囊,踏上这片神奇的土地,尽情享受落日的余晖;穿梭于木府长长的石板路;流连于斜桥下潺潺不息的流水;还有那坐在门口拖着大烟袋静静等待的纳西老人……

1. 高原上的水乡姑苏

曾问过很多朋友向往丽江的原因,世上古城甚多,为何偏偏选中丽江,这座深藏在大西南的古城。因为它的古朴、静谧,可以给整日奔波于城市之间的人们一个灵魂的栖息地;因为它是艳遇之都,来到这里或许可以邂逅一段浪漫的爱情;因为它有美丽的玉龙雪山;因为它有神秘的东巴文化。这些或许让凡夫俗子们体会到生命的多种意义和可能,外面的世界已经千疮百孔,请你带着你的疲惫到这方净土来。

你会发现,只有在丽江,才可以看到如此奇异的景观。只有丽江把高原的苍凉险峻与江南的缱绻温婉自然的糅合在一起,不牵强也不造作。

见惯了烟雨,听久了丝竹,一直以为杨柳堆烟、水荇牵风只在江南吴地才可寻到,当丽江冠以一张"小桥流水人家"的照片闯入视线时,这片神秘的净土如一枝柔软的藤条在心上慢攀紧缠。午后时光,被誉为天外之音的东巴古乐会隐约响起,古老的纳西人和着音乐进行一场与天地对话的仪式;闲暇时,捧一杯茶看嫩芽卷卷;凝神间,思绪飘游至苍凉荒芜的茶马古道,尘漫铃响,马帮渐行渐远;徜徉江南春天的和风细雨,恍生"侵陵雪色还萱草,漏泄春光有柳条"的感叹，聊以抚慰江南无雪的遗憾，而丽江却把雪与柳条这般隔着季节的景致直白的铺陈在眼前。雪山遒劲呵，垒垒苍岩勾勒出千年风骨；柳巷旖旎呀，淙淙泉水蜿蜒出十里清香。

丽江大研古城古朴如画，兼有水乡之容，山城之貌，城中有水，山中有城，城山相融，山水一体，道路自由，街巷幽深，道旁河畔，垂柳拂水，景致美不胜收。古城家家户户庭院内喜种植花木，摆设盆景，无户不养花，形成了"家家泉水，户户垂杨"的高原水乡风貌。它以江南水乡般的美景，别具风貌的布局及建筑风格特色，被誉为"东方威尼斯"和"高原姑苏"，与同为第二批国家历史文化名城的四川阆中、山西平遥、安徽歙县并称为"中国保存最为完好的四大古城"。

2. 瑰丽的世界文化遗产

丽江古城历史悠久，是古代"南方丝绸之路"和"茶马古道"的重镇。丽江旅游资源丰富，文化内涵深厚，拥有世界文化遗产、自然遗产和记忆遗产三项世界遗产桂冠。先后获得了"地球上最值得去的100个小城市"之一、"全球人居环境优秀城市"、"欧洲人最喜欢的中国旅游城市"、"中国优秀旅游城市"和"全国十大文明风景旅游区"等诸多殊荣，已成为全国主要的旅游热区和世界上最令人向往的旅游目的地之一。

丽江这个美丽的世外桃源是因一次强烈的地震而被世界各地人们所知晓的。1995年11月丽江申报世界遗产，第二年的2月3日丽江就发生了里氏7级大地震。得知地震消息后，联合国教科文组织打电话来询问，准备取消这个申请。因为他们估计经过里氏7级这种严重的破坏性地震后的丽江恐怕已经变得面目全非了。但是令人们惊奇的是，震后的丽江依然保持着它昔日的风采。由于丽江古城内全是中国传统木结构的房屋，木柱梁、木屋架，房屋一排排相互连着，屋顶上都铺着瓦片，地震一来，瓦片就会发出响声，人们听到警报就可以躲避到安全的地方，最重要的是木结构的房屋能抗震，并没有发生毁灭性的破坏。

1997年12月4日，丽江古城被列入世界文化遗产，与雅典、罗马、威尼斯等伟大城市并肩；丽江古城能申遗成功，既是靠有形的建筑群落，更是靠存在于街头巷尾的纳西市井生活，联合国教科文组织正是看中它是"保存浓郁的地方民族特色与自然美妙结合的典型"，才授予其桂冠。

丽江古城有别于中国任何一座王城，城中无规矩的道路网，无森严的城墙，三山为屏，一川相连；三河穿城，家家流水，建筑物的依山就水、错落有致的设计艺术在中国现存古城中是极为罕见的。

丽江古城民居是中国民居中具有鲜明特色和风格的类型之一。丽江古城民居在布局、结构和造型方面按自身的具体条件和传统生活习惯，有机结合了中原古建筑以及白族、藏族传统民居的特点，是研究中国建筑史、文化史不可多得的重要遗产。

丽江古城是自然美与人工美、艺术与适用经济的有机统一体，也是古城风貌整体保存完好的典范。它是纳西族文化与技术的结晶，是地方民族文

化技术交流融汇的产物，是中华民族宝贵建筑遗产的重要组成部分。2005年10月23日，中国最美地方排行榜在京发布，在《中国国家地理》杂志主办的"中国最美的地方"评选活动中，丽江的大研古镇被选入"中国最美的六大乡村古镇"。

丽江古城有着丰富的民族传统文化，集中体现了纳西民族的兴旺与发展，是研究人类文化发展的重要史料。丽江古城已有800多年的历史，不论是古城的街道、广场牌坊、水系、桥梁还是民居装饰、庭院小品、楹联匾额、碑刻条石，无不渗透着纳西人的文化修养和审美情趣，无不体现着地方民族宗教、美学、文学等多方面的文化内涵、意境和神韵。尤其是具有丰富内涵的东巴文化、白沙壁画等传统文化艺术更是为人类文明史留下了灿烂的篇章。

3. 丽江古城的历史

丽江的历史源远流长，走在丽江的古街，漫步在有着悠久历史的丽江民居之间，你可以清晰地感受到自己足下每一寸土地仿佛都有着历史的痕迹。丽江就如一个历史的活化石，生动的向人们诉说着它曾经的时光……

纳西语称丽江为"衣古堆"，一般译为"江湾之地"，丽江古城又名"大研古城"，大研古城就坐落在丽江坝子中部。丽江古城始建于宋末元初，至今已有800多年的历史，关于"大研"一词的由来，民间相传是因为古镇位于丽江坝子中心，四周青山环绕，泉水潺潺穿巷走院，形似一块碧玉大砚台，城西南又有神圣的文笔山（纳西语叫"牟波举"），著名的明代纳西土司木生白（木增）便取其巨笔大砚、文脉旺盛、地灵人杰之吉祥寓意而取古城之名曰"大砚"，古音"砚"、"研"相通，因此后来就写成了大研。《元一通志》中，有地名曰"大叶场邑"，即今大研镇。另外一种观点认为"大研"是"大叶"的音译，"大叶"指纳西族古代四个民族之一"尤（叶）"，木氏土司是该氏族的后裔。

大研镇在木府时代不筑围墙，而是以四周的高山作为天然屏障，原因是木氏居于城中，一筑城墙就将形成一"困"字，无异于把"木"困住。木氏土司的这种不想坐井观天、困守边隅，力图容纳百川之河的发展思想是与他们广纳天下俊杰、博采众家之长的开放襟怀和明智策略相呼应的。

丽江古城战国时属秦国蜀郡，汉属越郡，三国属云南郡，南朝为遂段县，南北朝时期，属于我国古代羌族的纳西族迁居到了这里。唐时曾为姚州都督府地，后为吐蕃，南诏地，称桑川，属剑川节度。

丽江历代均为滇西的政治、军事重镇以及纳西、汉、藏等族经济文化交往的枢纽。元初，忽必烈南征大理，革囊渡江进入丽江，曾在古城一带驻军整训，至今仍留下许多相关的纳西地名。元初，古城居民已有千余户；明初，古城街道建设和集市贸易已初具规模，至明末已呈繁荣景象。旅行家徐霞客记述丽江古城"居庐骈集，荣坡带谷"，"民房群落，瓦屋栉比"，"其宫室之丽，拟于王者"。由此可见，当时丽江古城已是一座规模较大的高原集镇。由于古城处于滇川康藏交通要冲，是历史上茶马古道的重镇。

最初称丽江大研古城为"衣古芝"，意为"衣古地的集市"；有些金沙江沿岸的纳西人也称古城为"衣古"，而纳西坝区农村的居民则多称古城为"古奔"，有人认为其意是"用背来的货物做生意之地"；另一种观点认为此词的意思是"粮仓之村"。由此可见大研镇由"村落"、"集市"而逐渐发展成为"城镇"的历史轨迹。

自清代初叶以来,商旅云集,各路马帮往来不断,因此大研古镇成为重要的贸易中转站。木里、源盐、永宁、下关、大理、维西、中甸及拉萨等地的客商汇集于此,交换各种土特产品及日用品,曾一度成为内地通往印度的重要集镇。雍正元年(1723),改土归流,结束木氏土司自元代以来的世袭统治。乾隆三十五年(1770),置丽江县,1961年成立丽江纳西族自治县。

在历史的记忆中,大凡一个繁华的物资集散中心,定会成为统治者争夺的焦点,但纳西人用他们的聪慧,以文化的方式捍卫了古城。古城虽然是不设防的,但由于小河曲折,街道纵横密布,走进古城就如同走进了一座迷宫,每一条街道,既可以让疲惫者的心灵得到慰藉,也可以成为侵略者的坟场。作为丽江地方统治者的木氏土司,可能在建城之初,就考虑到了古城的防备,毕竟稳固的城池才能使一个地方变成人们安居乐业的家园。曾经看过一些古城,城门高耸,城墙牢固,无限风光。但这些看似固若金汤的古城,大多都没有能够抵御住侵略者贪婪的欲望和炮火的侵袭。而木氏土司看透了一味防守的弊端,于是剑走偏锋,以置之死地而后生的勇气,大开洞门,将古城完全暴露于世人面前。也许是文化的力量战胜了邪欲,这招妙棋看似凶险,却为古城赢得了太平。

4. 古城的心脏

说起丽江,但凡来过的人,不得不提的就是四方街。四方街以彩石铺地,清水洗街,日中为市,薄暮涤场的独特街景而闻名遐迩。四方街是一个梯形的小广场,在丽江古城最中央,约400平方米,建造时被设计得中间稍微凸起,两边凹下,犹如一片巨瓦。由于广场的形状很像方形的知府大印,所以据说是明代木氏土司按其印玺形状而建,由土司取名四方街,取"权镇四方"之意。也有人说因为这里的道路通向四面八方,是四面八方的人流、物流集散地,所以叫四方街。

四方街是丽江古城的心脏，城区以四方街为中心，从四方街四角延伸出四大主街，直通东南西北四郊，每条主道都有巷弄相随，巷弄四通八达，如蛛网交错，往来畅通。大小路面均铺着五色石板，平坦洁净，晴不扬尘，雨不积水，经数百年走磨，石纹毕露，颇为别致。置身其中，令人仿佛步入了《清明上河图》的繁华景象中。

丽江是一个日日夜夜与淙淙流水相约的城市，就像威尼斯那样，几乎每条街道一侧都伴有潺潺流水。由此形成以四方街为中心，四周店铺、客栈环绕，沿街逐层外延的稠密而又开放的格局，古老的集市就这样孕育了城市最初的形状，这与中国传统的四四方方的"井"字形街道是不一样的。但与威尼斯不同，大研镇的水道，是经过设计，由人工挖掘的。原始的河流只有一条，就是穿城而过的中河，从中河又人工挖掘出西河和东河，分为三支，像一棵大树的主干和两条支干。从它们又生出无数的小渠。居民们甚至可以直接饮用这泉水。一条河道位于广场的西面，河上设有一个水闸，每到傍晚收市，居民们就关上水闸，河的水位便会上升，顺着瓦形的坡度漫过整个广场，流到它四周排污水的暗沟里。广场的四面都有一条宽30公分、深约45公分的排污水的暗沟，每一条暗沟又与广场四周铺面后院的下水道连接。这样，从地面到地下，形成了一个完整的排污系统，把四方街冲洗得干干净净。

一般到古城的游客最先游览的就是四方街，这里是古城的心脏，是古城的商业区。四方街沿河都是些大大小小的酒

吧、茶楼。其中不乏外国人经营的场所。形状各异的大红灯笼高高地悬挂在酒吧、茶楼门前。白天这里相对安静，但是入夜后，这里各式各样的酒吧会让人有一种不夜天的感觉，晚间的四方街就这样被笼罩在温暖祥和的气氛中。红灯笼的倒影随河水漂荡，约约绰绰。丽江之所以被称为"艳遇之都"，与四方街繁荣的酒吧文化是分不开的，不能说这里是艳遇的唯一场所，但是在这样一座历史悠久的古城里的酒吧艳遇，是非常唯美的一件事。

5. 兴盛的酒吧文化

大研古镇是每个去丽江旅游的人的必去之处，这是个中西文化与古新文化结合的地方。在这既可见识到古老的东巴文化，亦有现代化的洋人酒吧。许多人说，来到丽江，不进古城的酒吧泡泡，就很难真正领略到丽江的风情。

白天的时候，在柳荫下、柔风中，看着清清的水静静地流淌，品着各色菜肴，饮着啤酒，和朋友聊聊天。抑或一个人喝着咖啡发呆，尽情享受都市中未有的闲静。如果有兴趣的话，还可请那些流浪的艺人给自己画个肖像或者是漫画，当做一份在古城特别的珍藏。

一到晚上，古城酒吧一条街就成了丽江最绮丽的地方。一条小河、两侧古老的建筑、大红灯笼、一轮明月、四方的游客和各种情调的酒吧。夜晚的酒吧街像是沸腾的潮水，纳西古乐的悠扬与黑人乐队的摇滚交织在一块。这时，你真的不知道自己究竟身处何方乐土了。泡吧的人来自世界各地，吧主也很可能有着非同一般的经历，所以传奇往往就从这里开始。夜的酒吧，弥漫着甜甜的气息，你可以浅吟低唱，可以放声大笑。酒吧里最好的佐酒小菜就是艳遇，流转的眼波里，你总感觉会有一场艳遇突然来临。在夜的掩护下，谁都可以是超脱的。迷幻的烟雾、炫彩的灯光透过酒吧的每个罅隙涌向街头，意乱情迷的脚步怎么抵得住这般的诱惑；临河而坐，要一杯大理特产的风花雪月啤酒，和传说中的地图王神侃一番，看着河水中不时漂过的莲花灯，许个只有自己知道的心愿，时间在这一刻凝固了。怀抱吉他的流浪歌手用嘶哑的声音占据一角，"不要问我从哪里来，我的故乡在远方"，流浪的人不需要关怀，当你静静地听完一曲，无需留下掌声，带着属于你自己的心情悄悄地离开便可。

丽江是治疗城市病最好的地方，如果在这里拍摄一部东方的《廊桥遗梦》，恐怕所有的故事情节和现代语言都是苍白的。有时如织的人流里，老外美女会不时冲你微笑，有时独自走在古城的小巷中，又莫名其妙地想落泪。迷路是常事，要随时做好迷路的准备才会有新鲜感。在这里的每一个人，不是在晒太阳，就是在酒吧，不是在酒吧，就是在去酒吧的路上。

年轻人对于艳遇充满了希冀。艳遇总是不期而遇的，两个滇南的女子丁丁和当当在这时出现了，她们也是刚到古城，为了忘却，也为了寻找。没有风花雪月，只有静坐沉默，时间和心情一起流逝。

当你来到丽江，貌似坦白的虚伪，状如深沉的寂寞，故作高深的浅陋，许许多多生来就无中生有的东西在这里都已经被淡化了，像烟一般消失在你灵魂的某个角落。没有大城市的喧嚣和热闹，彻底放松，忘记烦恼，迷恋上这一份朴实，冥冥之中仿佛觉得丽江就是你生命中的一部分。

6. 艳遇之都

从发现丽江古镇这块宝地开始，人们就为这里赋予了种种与爱情有关的定义。这里是爱情的天堂，连空气里都微微

散发着香甜的暧昧气息。

丽江的东巴史诗《鲁摆鲁饶》里，记载着一种最动人心魄的爱情。为了爱情，一对恋人可以从容赴死。丽江有促进恋爱的神秘空气和土壤。高原让人多情，因为缺氧，人们少了很多在城市里的清醒和算计。加上雪山、蓝天、白云、流水、花香，让人像进入了爱情的天堂。对于爱情来说，丽江像是一个梦境，却又是一种实在、可以体验的现实。

古镇里还流传着许多动人的跨国爱情故事，有这么一例就上了当地的电视台：一位韩国女大学生来到丽江旅游，在古镇结识了一个纳西族青年，大家在一起度过了几天开心的日子，女大学生要离开了，青年恋恋不舍地送走了她，但青年心里总觉得少了些什么，终于，他意识到了一件事。在得知女大学生还要在北京逗留几天才回国的消息后，他立刻买了机票赶到北京……尽管女孩的父母极力反对此事，但两人最终还是走在了一起，现在两人在古镇开了一间酒吧，过着快乐的生活。

尽管丽江古城是艳遇之都，但也不要把艳遇当做太过重要的事情。有人相信要遇见真命天子才算是艳遇，有人觉得爱上古镇的石板路和青梅酒，也算是艳遇。

人在丽江，就要明白丽江的暗语。丽江人见面或者拨通电话，第一句话就是："什么情况？"意思是问对方是不是在进行什么艳遇活动，如果没有就马上拉他过来喝酒唱歌。在丽江，要明白约会时对方迟到是

一件正常的事情。在这里，人们没有时间概念，从日照判断，误差至少有90分钟，而且大家几乎都不戴表，也不关心几点。在这里，只有今天，没有昨天和明天。

把你的一切困扰留在城市。忘记没完没了的工作、纠缠不清的感情、狂飙猛进的房价和高低起伏的股票。来丽江不用跟团，不用准备很多钱，只需要带上一颗简单的心，就能发现和遇见无限的可能。

7. 令人流连忘返的丽江客栈

丽江的客栈不同于任何一个地方的客栈，与其说它是客栈，不如说它是人们心灵的停驻之地。当世界各地的旅人来到此地，在丽江小小的客栈住上那么一晚之后，便会情不自禁地爱上这种奇妙的感觉。丽江的客栈一般都是由丽江民居改建而成的，浓郁的地方特色与纳西风情弥漫在客栈的每个角落，不经意地撞入你的心里，让你在无意识的情况下领略到纳西民族原汁原味的风俗人情。

丽江的客栈几乎家家有水，处处有花，雕着镂空花纹的门窗有着说不出的古朴幽雅。每日清晨推开窗户，立刻倾泻一地明媚的阳光，小小的精致庭院里，种满了许多不知名的花花草草，偶尔还会有几只猫猫狗狗在慵懒的晒着太阳，那种惬意简直让人无法用言语形容。在慵懒的午后，轻轻地啜一口咖啡，静静地享受这一室的宁静，心灵瞬间就被放空，仿佛远离了尘世的一切喧嚣。

丽江客栈就是有这样一种神奇的魔力，让身心俱疲的旅人得到心灵的净化，让人们放慢步调，抛去一切嘈杂，用心地感受生活，领悟生命的美好。也正是因为如此，才有了"不住客栈就等于没来过丽江"的说法，每每让人流连忘返。

丽江客栈是一种奇异的文化，是一种优雅的生活态度，是一个奇妙的心灵停歇之地。如果心累了，就来丽江吧。

8. 桥城——丽江

丽江古城不仅是个高原水城，而且是个别有风致的"桥城"，许多人似乎都对此感到不解。其实这一点也不奇怪，在丽江，数百座横跨大河小溪的古老桥梁给丽江古城平添了许多古朴秀雅之态，可以说这些桥是古城的经络。古城的气血通过这数百条经络贯通，使之勃发出强大的生命力。

古城区内的玉河水系上，架有354座桥梁，其密度为平均每平方公里93座。形式有廊桥（风雨桥）、石拱桥、石板桥、木板桥等，较著名的有锁翠桥、大石桥、万千桥、南门桥、马鞍桥、仁寿桥，均建于明清时期，大研古城也因此有"桥城"的美誉。

其中以居于丽江古城中河河段的大石桥最为有名，该桥位于四方街东向100米处，由明代木氏土司修建，因为地处古城中心，密士巷、五一街与四方街交汇于此，所以大石桥负载了几百年来古城的商旅往来和市井交流，为古城众桥之首。该桥系双孔石拱桥，拱圈用板岩石支砌，桥长10余米，桥宽近4米，桥面用传统的五花石铺砌，坡度平缓，便于两岸往来。因桥下能看到玉龙雪山的倒影，亦名映雪桥。

9. 丽江古城的维护措施

丽江申遗的成功，给当地旅游发展带来了强大的动力。随着丽江旅游业的发展，越来越多的游客慕名而来，越来越

多的商家也慕名来古城投资。

近10年来，丽江旅游业的发展一直呈"井喷"之势。"九五"以来，丽江先后抓住1994年滇西北旅游规划会议、1996年大地震恢复重建、1999年昆明世博会三次具有里程碑意义的发展机遇，使旅游产业的规模不断扩大，产业素质不断提高。2005年，以旅游业为主的第三产业占全市GDP的比重达到48.3%，实现旅游综合收入38.59亿元，接待游客404.23万人次，以旅游为龙头的第三产业税收占地方财政收入的比重达到46%。

当然，旅游业的飞速发展给当地带来滚滚财源的同时，也给当地的环境保护带来了沉重的压力，对于古城的环境接待能力也是一个很大的考验。保护古城，实现可持续发展成为当务之急。

随着游客的蜂拥而至，古城核心区商业气息日趋浓厚，外来客商不断增多，民族文化受到不同程度的冲击。据古城管委会初步统计，古城内有经营户1300多户，其中餐饮店144户，各种酒店、客栈146户，经营门店为招揽顾客，各种招牌林立，破坏了丽江古城古朴、典雅的氛围。带有现代气息的商铺与古城质朴、宁静的氛围形成强烈反差。然而，据了解，丽江古城历史上就有以四方街为古城中心从事各种活动和集会的民俗习惯，3.8平方公里的古城区域，由于经营活动的分布，引导存在难度，加之历史上"茶马古道"商贸史所延续的传统习惯，致使古城遗产的保护压力重重。

丽江古城保护管理委员会

等10个职能部门已采取措施,对"丽江古城被过于浓厚的商业气息破坏了生态平衡"等存在的问题进行深入整治。他们提出,要为古城"减负":古城核心区内的经营活动(包括客栈)实行总量控制,原则上不再审批新的商业店铺,对现有经营店铺的数量和规模要逐步压缩。在古城内经营的音像、珠宝玉器、歌舞厅、卡拉ok、网吧、桑拿按摩室、足浴按摩及美容厅、现代服装等影响丽江古城风貌的项目要逐步迁出古城。同时,对以经营旅游工艺品、民族文化产品、民族手工铜银制品等的商业店铺分街道巷段进行管理,从业人员必须着民族服装上岗。经营铺面的装修必须保持古城古朴的风格,其柜台、店内的设置,要求与古城风貌相协调。禁止在古城内安装太阳能,临街面的店铺禁止采用不协调的灯具等等。为分散古城过重的旅游及住宿压力,在新区内设有民俗旅游区和家庭旅馆区等。

据丽江古城保护管理委员会介绍,丽江古城自1997年12月被列入世界遗产名录以来,当地政府投入了大量资金,逐步完善了基础设施,通过建章立制,使丽江古城的保护与管理在不断探索中摸索出了宝贵的经验,从而成为各地学习的榜样。由此,丽江成功创造了"丽江模式",并将其提交给联合国遗产委员年会讨论。随后,得到了联合国教科文组织世界遗产委员会的认可,作为世界文化遗产保护的模式推广开来。尽管丽江已成为其他地方学习的楷模,但在遗产地的保护和可持续利用及发展过程中,他们仍时时刻刻警醒自己——保护古城任重道远。

至今,丽江古城从城镇的整体布局到民居的形式,以及建筑材料、工艺装饰、施工工艺、环境等方面,均完好地保存了古城风貌,首先是道路和水系维持原状,五花石路面、石拱桥、木板桥、四方街商贸广场一直得到保留。民居仍是采用传统工艺和材料在修复和建造,古城的风貌已得到地方政府最大限度的保护,所有的营造活动均受到严格的控制和督导。丽江古城一直是由民众创造的,并将继续创造下去。作为居民的聚居地,古城局部与原来形态和结构相背离的附加物或是"新建筑"

正被逐渐拆除或整改，以保证古城本身所具有的艺术或历史价值能得以充分保留。丽江古城是具有综合价值与整体价值的历史文化名城，已列入世界文化遗产名录。但只有加以保护，才能使其得以经久传世，更好地发挥其所具有的意义。

二、地理篇　山城无处不飞花

1. 丽江地理位置

丽江位于青藏高原东南缘,滇西北横断山东部,金沙江上游,地处滇西北高原,滇、川、藏三省区交界处。丽江境内主要有玉龙雪山和老君山两大山脉,有金沙江和澜沧江两大水系。其中,玉龙雪山是丽江的最高峰,海拔 5596 米,也是云南省第二高峰,有着"现代冰川博物馆"和"植物王国"之誉,同时也是丽江主体民族纳西人精神和灵魂的家园。而丽江境内的老君山则是"世界自然遗产"和"三江并流"的核心景区。其中,闻名遐迩的九十九龙潭,是一个将丹霞地貌奇观和纳西族、傈僳族、白族等民族的人文风情融为一体的神秘、绮丽的山中世界。

历史上,由于古城处于滇川康藏交通要冲,地理位置优越,交通便利,是古代"南方丝绸之路"和"茶马古道"的重要通道。"茶马古道"从滇南的西双版纳,经大理、丽江、迪庆直达拉萨,在这一条漫长而壮观的线路中,丽江古城是唯一一个被列为"世界文化遗产"的地方,充分显示了"茶马古道"重镇所积淀的历史文化的非凡价值。

2. 丽江古城的灵魂——水

水是丽江古城的灵魂,因为在纳西人心目中,水是吉祥之源。在纳西东巴文化和民间的传统祝福语中,都少不了说"愿流水满塘"这句祝词。东巴古典文献中有著名的《迎净水》,描写了当人类被九个太阳和十个月亮折磨得奄奄一息之时,是女神洒下神水,化解了人类的危难。在纳西人的东巴教仪式和婚丧嫁娶等礼俗中,都离不开用净水祝吉祈福的种种程序。丽江古城关于护水爱水的种种习俗,源自于这种源远流长的纳西族水文化。

古城的水来自城北象山脚下,泉水从无数岩石隙缝中迸涌而出,形成近4万平方米的黑龙潭,纳西人称这水为"古鲁吉",有的解释为"如马群般奔腾的水",有的解释为"九龙水"。

丽江古城的水流出黑龙潭,汇成玉河,在双石桥一分为三,穿街过巷,再分成无数股支流,与潭泉相连,形成密如蛛网的水系,布满全城,条条街道见流水,户户门前有清泉。城内亦有多处龙潭、泉眼出水。

清澈的溪流,滋养着古城的花草树木,也熏陶着古城千家万户的心灵,托出一片雪域冰清之态和高原的静灵之气。在为居民用水提供了极大方便的同时,也增加了空气的湿度,调节了古城的气候,还有利于防止古城发生火灾。

3. 丽江的气候特点

丽江的气候总的来说,具有年温差小,日温差大,室内室外温差大,气候垂直分布明显,终年紫外线强的特点。

丽江属高原型西南季风气候,雨量充沛,干湿季分明。丽江年均降雨量为1000毫米左右,11月至次年4月为干季,5月至10月为雨季,降雨量占全年的85%以上,7、8两月降雨特别集中。

丽江地区四季不分明,年温差小而昼夜温差大。丽江年平均气温在12.6℃~19.8℃之间，最热月平均气温为18.1℃~25.7℃，最冷月平均气温为1.7℃~4℃，大部分地方只有温凉之更迭，无寒暑之巨变，春秋相连，长春无复，全区除6至9月外，昼夜温差一般都在10℃以上。

气候垂直分布明显是丽江的又一大气候特点。丽江山高谷深，全区海拔从1015米到5596米，具有"一山分四季，十里不同天"的垂直气候特征。其中，著名的玉龙雪山是丽江的最高峰，其垂直气候特征最为明显。

巍巍玉龙山，有13座万年积雪的山峰，最高峰是南端主峰扇子陡，海拔5596米，上插云天，下俯丽水，远远望去，山似银蛇起舞，峰如长剑倚天，好一派壮丽山河！最低点是七河区江边坡脚金沙江出口处，海拔1219米，从江面到山顶，悬殊达3000米。随着海拔高度的升高，气温逐渐降低，由热到寒，形成了亚热带、温带、寒温带兼有的立体气候（即垂直气候带）。如丽江坝子一带，海拔2145米，四季温和，没有冬夏；上到雪山南麓的雪蒿村，海拔2750米，则是"人间四月芳菲尽，山寺桃花始盛开"；到了山腰乌头地，海拔3850米，"六月暑天犹着棉，终年多半是寒天"；上到4000米以上，已是"半年雪封严寒天，山上多半是苔藓"的高山荒漠气候；到了5000米以上，就是"积玉堆雪几万年，山顶处处有冰川"的高山冰雪型气候了。当地人说，"山高一丈，大不一样"，堪称一大奇观。

另外，由于地处低纬高原，丽江坝子终年太阳辐射较强，年日照时数为2530小时，光能充足，年太阳辐射量每平方厘米为146.5千卡，为云南省最高值区。

丽江的天气，喜怒无常，不说冬天，就算是三伏天，气

温有时候也会降到10℃以下，所以，不管什么时候来丽江，必须带上足够的衣物。建议夏天除了夏装以外，适当地带上一两件春秋装，冬天则必须带上防寒的夹克及羽绒服，由于室内室外温差大，衣物最好是方便随时脱穿的。

秋天是丽江最美的季节，秋高气爽的天空、色彩缤纷的树木和花朵，映衬着远处的玉龙雪山，令人心旷神怡。小桥流水人家，潺潺溪水从雪山积雪融化而来，清澈、冰凉。

4. 植物的王国——丽江

2001年5月18日，中英合作复建项目——丽江与英国爱丁堡皇家植物园合建的丽江玉龙雪山植物园奠基开工。

丽江拥有我国1/3以上的高等植物和动物种数，是全球景观类型、生态系统类型和生物物种最丰富、特有物种最集中的地区。在玉龙山和老君山部分地区的暗针叶林中还保留着原始生态环境，为研究全国生物资源提供了良好的条件。

丽江市位于澜沧江和金沙江之间的云岭山脉，处于中国三大植物多样性中心之一的横断山区的核心地带，植物种类非常丰富，是中国著名的植物保护基地之一。该区有藻类植物31科，72属，196种，地衣植物17科，20余种，在苔藓植物中有苔类45种、藓类130种，蕨类植物约有220多种，种子植物有171科，804属，2646种（不含栽培种及种下等级），其中，中国特有种子植物1631种，占本区种子植物总数的61.46%。在丽江市古城区和玉龙县境内，仅种子植物就多达2998种。热带、温带、寒带植物在全市均有分布。森林植被以暗针叶林、凉亮针叶林和高山阔叶林为特色。草本植物繁茂，野生药材品种繁多，具有代表性的有贝母、天麻、岩菖蒲、茯苓、雪上一枝蒿、青阳参、虫草、雪莲花等。

5. 动物的乐园——丽江

丽江全市鸟兽资源十分丰富。据统计，共有兽类 8 目，21 科，83 种，占云南兽类总和的 29.6%；共有鸟类 17 目，46 科，290 种，占云南鸟类总数的 37.6%。珍稀鸟兽的种类较多，属国家一级保护动物的有黑颈鹤、滇金丝猴等；属国家二级保护动物的有南亚虎、云豹、小熊猫、毛冠鹿、红腹角雉、藏马鸡等；泸沽湖中的泸沽裂腹鱼、厚唇裂腹鱼是宁蒗特有的鱼种，属于省级重点保护鱼种。

三、民俗篇 欲说还休道不尽

英国作家詹姆斯·希尔顿的小说《消失的地平线》,被寓为是欧洲版的《桃花源记》,作者笔下的香格里拉就是人们一直梦想的世外桃源。许多欧洲人不远万里,千里迢迢来到这片净土,不为别的,只为追寻心中那个圣地。丽江,坐落在皑皑白雪的玉龙山下,静静地与之凝望,如一位温婉的江南少女,纤尘不染,浅浅地笑着,迎接着每一位远方的客人。

1. 丽江民居建筑的特点

丽江大研镇地处丽江坝子,西有狮子山,北有象山、金虹山,背西北而向东南,巧妙地利用了有利地形,避开了雪山寒气,接引了东南暖气,藏风聚气,占尽了地利之便。古城街道依山势而建,顺水流而设,布局不拘一格。

古城民居建筑一般是高约7.5米的两层木结构楼房,也有少数三层楼房,为穿斗式构架、垒土坯墙、瓦屋顶,设有外廊(即厦子)。根据构架形式及外廊的不同,可分为平房、明楼、雨步厦、骑度楼、蛮楼、闷楼、雨面厦等七大类。布局形式有三坊一照壁、四合五天井、前后院、一进两院、两坊拐角、四合院、多进套院、多院组合等类型,最常见的形式有三坊一照壁、四合五天井、前后院和一进两院等几种形式。

三坊一照壁是丽江纳西民居中最基本、最常见的民居形式,由正房一坊,左右厢房二坊,加上正房对面的一照壁合围成一个三合院。三坊一照壁在结构上,一般正房一坊较高,方向朝南,面对照壁,主要供老人居住;东西厢略低,由下辈居住;天井供生活之用,多用砖石铺成，常以花草美化，而农村的三坊一照壁民居在功能上与城镇的略有不同。一般来说三坊皆两层，朝东的正房一坊及朝南的厢房一坊楼下住人，楼上作仓库，朝北的一坊楼下当畜厩，楼上贮藏草料。天井除供生活之用外，还兼供生产（如晒谷子或加工粮食）之用，故农村的天井稍大，地坪光滑，不用砖石铺就。

四合五天井是由正房、下房、左右厢房组成的一个封闭四合院。除中间一个大天井外，四角还有四个小天井或"漏角"。

前后院即在正房的中轴线上分别用前后两个大天井来组织更新面。后院为正院，常用四合五天井平面组成。前院为附院，常为三坊一照壁或两坊与院墙围成的小花园。两院之间可穿通的房叫花厅。一进两院即在正房一院的左侧或右侧设另一个附院，形成两条纵轴线。正附院的组成与前后辽相同。古城民居一般为两层楼房，无论城乡，家家都有宽大的厦子（即外廊），厦子是丽江纳西民居最重要的组成之一，纳西族人会在厦子里吃饭、会客等。

大研镇保留了大片明清时代的民居建筑，均是手工建造的土木结构的房屋，在建造时不使用钉子，完全利用穿斗式的木结构，在纳西族原始的井干式木楞房形式的基础上吸收、融汇了汉、白、藏等民族建筑艺术的精华。民居建筑门窗上大都雕饰花鸟图案，色调浓烈，这主要是受白族建筑风格的影响。汉族对其建筑的影响主要体现在院落组织上，除了主要的殿堂外，附属建筑多有配厢、夹室、廊庑、前殿、围墙等，并且沿中轴线左右对称分布，这些不同的建筑风格与纳西风格融为一体，相得益彰，形成了纳西民居的特色，稳重大气又不失美观。

丽江民居的构架处理十分灵活，在木构架主要受力部位设有"地脚"、"勒马挂"、"千斤"、"穿枋"等具有拉结作用的构件，整个构架按百分之一的斜度使柱头往里倾斜、柱根部向外展开，增强了构架的稳定性。在构架的联结节点部位，根据受力的情况，分别使用"两磴榫"、"平插榫"、"大头榫"，并设暗梢等柔性节点，以利于抗震。

下重（土垃）上轻（木板）的护墙体坚固实用。丽江民居在体型组合及轮廓造型上纵横交错，轮廓优美，外观的立面多为石砌勒脚，墙面抹灰，墙角镶砖，青瓦铺顶，色调和谐，外观朴素。

丽江民居非常注重房屋的装饰，尤其是门楼、照壁、外廊、门窗隔扇、天井、梁枋等。门楼的形式有砖拱式、木过梁平拱式及木构架式三种，砖拱式门楼多为中间高、两边低的三滴水牌楼式样。木过梁平拱式门楼则是以木过梁承托、外包薄砖的三滴水牌楼。木构架式门楼多为双坡屋面，檐下用多层花板、花罩装饰。民居照壁一般有三滴水、一字平式两种，内部的外廊小照壁多用大理石装饰。房屋的门窗均饰以木雕图案，如鸟禽、花卉、琴棋书画、博石器皿等，是功能与艺术相结合的产物。此外，对梁枋、柱头、栏杆、柱础、勒脚、檐口、屋脊等木作、石作、瓦作部位也加以装饰。如大过梁的梁头雕成兽头，俗称"狮子头"，柱础亦雕成圆鼓形、瓶形等。

古城民居的庭院采用鹅卵石、五花石等为原料铺装，图案根据庭院大小或房主喜好而定，内容涉及花鸟鱼虫、八卦阴阳、民间传说、神话故事等，手法古朴，布局严谨。占地大、院落多的宅院，普遍由两坊一照壁、花台、水池等构成。

2. 白沙民居建筑群

白沙民居建筑群位于丽江古城以北 8 公里处，曾是宋元时期（公元 10～14 世纪）丽江地区政治、经济、文化的中心。白沙民居建筑群分布在一条南北走向的主轴上，中心为梯形广场，一股泉水由北引入广场，四条巷道从广场通向四方，极具特色。白沙民居建筑群的形成和发展为后来丽江古城的格局奠定了基础。

3. 丽江的标志性建筑——万古楼

万古楼是丽江的标志性建筑。它在东巴文中解释为"千年万代楼",纳西语称"温古轮",意为观览畅怀于制高点,取其谐音名为"万古楼"。"万"者,寓意俯瞰丽江古城及其田园风光,遥望玉龙雪山万年冰川,又寓意丽江千古流芳,万古不朽。

万古楼为塔式五重檐全木结构建筑,高33米,象征原丽江纳西族自治县33万各族人民。主体柱子16根,都是通天木柱,是中国全木结构斗拱建筑一柱通顶不连接的第一楼,反映了纳西族东巴象形文字中有开天九兄弟、劈地七姐妹的传说,寓意纳西儿女共同创造美好的世界。柱长22米,反映民间好事成双的说法,以及婚嫁选择双日为吉的习俗。

万古楼平面是正方形,面阔、进深均为18米,四面入口安放着情态各异的四对石狮。楼内绘有2300个吉祥图案,代表丽江的23个石雕图案,寓意在一年四季的农时节令中风调雨顺、五谷丰登。整座楼中雕刻彩绘龙的图案有9999个,加上楼顶藻井之中的蟠龙,足有万个,是万龙万古之盛,寓意丽江是龙的传人的美丽家园。

登上万古楼,便可北眺神奇美丽的玉龙雪山,东观小桥流水人家的丽江古城,西瞰多姿多彩的丽江新城,南望如诗如画的田园村落。南面不远处还有像支巨笔的文笔峰,旁边又有可放"文笔"的笔架山,山脚恰好有个蘸墨的文笔海,与形似砚台的大研古城,一同书写丽江的大好风光。

4. 融合了多民族建筑风格的五凤楼

五凤楼原名法云间,位于丽江市黑龙潭公园北端,楼高20米,为层甍三重担结构,基呈亚字形。楼台三叠,屋担八角,三层共24个飞檐,就像五只彩凤展翅来仪,故名"五凤楼"。五凤楼始建于明万历二十九年(1601),清朝同治年间毁于兵火,光绪八年(1882)由喇嘛僧重建,1979年从芝山福国寺内迁至黑龙潭畔,1983年被列为云南省重点文物保护单位。

五凤楼结构精巧,造型美观,全楼共有32根柱子落地。其中四根中柱各高 12 米，柱上部分用斗架手法建成，楼尖为贴金实顶。天花板上绘有太极、飞天神王、龙凤呈祥等图案，线条流畅，色彩绚丽，融合了汉、藏、纳西等民族的建筑艺术风格，是中国古代建筑中的稀世珍宝和典型范例。

5. 丽江的"大观园"——木府

有这样一种说法，"北有故宫，南有木府"。木府是丽江木氏土司衙门的俗称，尽管它只是一座土司的宅院，但它的奢华与恢宏，并不亚于任何一座王公贵胄的官邸。其建筑之宏伟、宫殿之辉煌、雕刻之精致、构件之玲珑、绘画之璀璨，可谓美轮美奂，无与伦比。纳西族土司木氏是这座豪宅的主人，木府的一砖一瓦都见证着这个在西南地区曾经辉煌一时的大土司家族的兴衰史，是纳西民族发展史上最值得大书特书的一笔。

纳西族最高统领木氏自元代开始世袭丽江土司，经历元、明、清三个朝代，一共因袭相传二十二代，共四百七十年。朱元璋建立明王朝后于公元 1381 年派出 30 万大军征讨云南，滇西大理段氏地方政权被明军一举击破，远在滇西北的丽江纳西族土司阿甲阿得审时度势，于公元 1382 年"率从归顺"，举人臣之礼，此举大获朱元璋赏识，钦赐其"木"姓，从此纳西传统的父子联名制得以改从汉姓名字。木氏土司为了保持其统治集团姓氏的高贵，在社会各阶层推行"官姓木，民姓和"之制度，而木氏土司则代代世袭，父子相传，一直沿袭到明清时期，有的甚至延续到新中国成立以后。

古代土司修建的木府，据说是仿照北京紫禁城所建，所以木府相当于丽江古城中的"紫禁城"。但这种僭越本分的做法，在等级森严的古代是决不允许的，因此木氏土司从不让外人进去，连徐霞客也不例外。徐霞客曾受木增土司的邀请，于 1639 年来到丽江，远望着楼阁巍峨的木府，在他的《徐霞客游记》里写下了"宫室之丽，拟于王者"的感叹。

然而,"改土归流"之后,到了清末,木府大部分建筑仍然未能躲过战火的侵袭。直到丽江古城的文化价值逐渐显现并被世人所认识之后,木府才得以重新修建。

时至今日,我们可以随意的欣赏这座位于西南小镇上的代表性建筑。木府,这个地方统治者的宫殿,作为木氏土司议政、生活、对地方施行统治的场所,也只是隐藏在古城的一隅,充分透露出纳西人为人处世的隐忍之风。跨过清泉汩汩的流水小桥,突见一座木牌坊赫然立于土木瓦顶的民居之间。跨进朱红色的木府大门,眼前豁然开朗,一片开阔的地面上巍然耸立着一座金碧辉煌的宫殿,汉白玉基座雕刻精美,那恢宏的气势,使人恍若置身于皇宫之内。

据《丽江府志》记载,从前的木府殿堂巍峨、布局严谨,仅中轴线就有369米长,中轴线上分别有议事厅、万卷楼、护法殿等大殿,两侧房屋罗列,楼台亭阁,数不胜数,花园回廊,风格别致。木氏土司在明末时曾达到鼎盛,其府内建筑气象万千,占地46亩。整个建筑群坐西朝东,"迎旭日而得木气",左有青龙(玉龙雪山),右有白虎(虎山),背靠玄武(狮子山),东南方向有龟山、蛇山对峙为其把守关隘,木府怀抱于古城,既有枕狮山而升阳刚之气,又有环玉水而具太极之脉。而其木牌坊上大书"天雨流芳"四字(乃纳西语"去读书吧"的意思),充分体现了纳西人推崇知识、重视教育的灵心慧性,石牌坊"栋梁斗拱"通体皆石,均用采自下虎跳峡金沙江边的汉白玉石建成,跨度9米,高约18米,4根石柱撑着牌坊上的碑、檐和坊盖,匾额上镌刻着明神宗手书钦赐的"忠义"二字。这个结构宏伟、雕工精湛的石雕建筑远近闻名,"坚致精工,无与敌者",民间有"大理三塔寺,丽江石牌坊"之称。议事厅端庄宽敞,气势恢宏,是土司议政之殿;万卷楼集两千年文化遗产之精粹,千卷东巴经、百卷大藏经、六公土司诗集、众多名士书画,皆是翰林珍奇,学苑瑰宝。

木府的重重殿堂楼阁依山势逶迤分布在狮子山脚下,高低错落,起伏有致,自有一种山城古殿的独特风采。雕饰彩绘富丽古朴,梁伟柱壮,气象萧森。一片苍苍茫茫的黛青色琉璃瓦,典雅庄重,氤氲着一派明代古建筑的浩浩大气。一条河流从东南北三面环绕着木府,这也是模仿中原古代都城筑护城河的传统做法。环绕木府的这条河因形似一条长长的腰带,又名玉带河。府门前河流上的石拱桥,也仿北京天安门前的金水桥建成。木氏土司在建造自己的宫殿式建筑群和建构古城时虽模仿中原风格,但到过丽江木府的人都会注意到木府建筑群坐西朝东的特点,究竟为何木府要"坐西朝东",而不是我们经常见到的"坐北朝南"为佳的中原风水理论呢?

这要从纳西族的风俗说起。因为纳西族认为朝向太阳和东方的属木,木为纳西东巴教中的神秘崇拜物,亦为皇帝所赐纳西土司之姓,因此受欲得"木"之气而盛的想法的影响,丽江大多数建筑物均坐西朝东。明末到丽江的大旅行家徐霞客曾曰:"丽江诸宅多东向,以受木气也。"

木府的建筑风格不仅根植于地方和民族传统,同时也融入了纳西族、白族等各民族的工艺风格。府内"玉沟"纵横,活水长流的布局,又体现了丽江特有的风水和建筑文化特点。木府还是纳西古王国名木古树、奇花异草汇聚一堂的园林,它将天地山川的清雅之气与王宫的典雅富丽融为一体,充分展现了纳西族广采博纳多元文化的开放精神。

历史上,木氏土司在西南诸土司中以"知诗书好礼守义"而著称于世。纳西人说起"木老爷"来,就跟我们提到自己的老祖宗一样亲切。就是这样一座地方统治者的建筑,在建造时,它需要穿越街道,为了避免影响民众的出行,开明的木氏土司没有采用与民争利的方法,强行拆除民房,而是别出心裁,从街道上空开了一道空中走廊,将街道留给百姓使用,这样的做法也许在所有的土司中都是极为罕见的。以民为本,在这里,在对地方拥有绝对统治权的木氏土司这里,我们看到了民本思想的真正实践。也许若干年之后,这道横跨街道的空中走廊,仍会在人们的梦中悄悄地出现,在那里,我们真正认识到了纳西人所具有的超越常人的文化意识和民本意识。

6. 丽江的水车

位于古城中心的四方街是丽江古城的中心,在古城与新城交界处的大水车是丽江古城的标志。作为丽江古城入城标致的两个大水车,有人说是母子,有人说是情侣。

入口处有由江泽民主席题词的照壁,在入口的右边是水龙柱。古城里的土木建筑最怕火,龙是管水的,水能克火,所以立了这个水龙柱,以表达古城人民希望免除火灾的愿望。自古以来,古城人民像爱护自己的眼睛一样爱护着古城。

7. 丽江古城的匾额

丽江古城是一个天然的民俗文化博物馆,在这里漫步,你总会欣喜地发现镏金烫字匾额耐人寻味之处。在新义街漫步,一些老字号店铺门头挂匾悬字已成风俗。匾额通常是东巴文、汉文及英文三种文字并书,同一匾额,你可领略到不同的书写风格。

古城匾额独具特色,汉文化与纳西文化交融,使其风趣传神,饶有韵味。在中河对岸你可看到一家餐馆的匾额为"纳禧雅阁",汉字意为集纳祥和雅致之阁,而纳西语中"雅阁"为我们的家,"纳禧(西)雅阁"即纳西之家。在密士巷你会看到匾额为"花花神"的餐馆,"花花神"从汉字上看有花色品种多、菜谱齐全的意思,而在纳西语中却是幸福、愉悦的意思,这样"花花神"巧妙地表现出了店家热诚周到以待嘉宾的服务宗旨。另外你还会看到匾额式人物,他幽默诙谐、机智勇敢。进此餐馆,主人准会为你讲述一段故事,带给你欢笑。

8. 丽江的美食特产

自从丽江旅游胜地的美名传扬开来以后,每年都有络绎不绝的游人来到丽江。有国外喜欢自由的年轻人，亦有国内每天朝九晚五却忙里偷闲跑来度假的上班族。各色游人在丽江这个小小的城镇内，都不约而同地找到了属于自己的那份归属感。在丽江而居，慵懒而惬意的慢节奏生活使许多游人一下子便爱上了这里，流连忘返，不舍离开。丽江的那份惬意自然就不用提了，光是丽江的美食以及新颖别致的小特产，就够让人爱不释手的了。

温暖柔软而颇具实用价值的东巴挂毯便是其中的一种，是众多游人馈赠亲友的不二选择。东巴挂毯是丽江毛纺厂的工艺产品，它采用当地优质的细羊毛精编细织而成，图案用黑色羊毛绘制，由纳西古老的东巴字画和赋予了吉祥美好寓意的图案构成。

除了东巴挂毯，丽江的东巴扎染更是一绝。到丽江一定要买的就是东巴扎染，它借鉴了白族扎染和苗族蜡染工艺，加入东巴文化的元素，把东巴象形文字和民间工艺结合在一起，使得东巴扎染具有了独特的审美价值和装饰性。

丽江东巴扎染是在苗族蜡染、白族扎染的工艺基础上，彩绘出丽江东巴画、纳西东巴象形文字的一门新的民族蜡染艺术。该工艺自作为地方旅游产品问世以来，以其特有的东巴文化底蕴和别具特色的蜡染艺术形式，受到海内外游客，特别是文化艺术界人士的钟爱，是一项很被看好的民族旅游产品。

东巴挂毯和东巴扎染固然有名，然而最受年轻人喜爱的东西则是看似很不起眼，实则

小巧精致的旅游纪念品——布农铃。布农铃是一种极富特色、形状同马帮的马铃的挂件。这种马帮文化商品，系店主人自己设计，纯手工制作的。精致小巧的青铜铃铛下系有一块圆形木块，手绘着各种各样的图画。古城的小巷子里有不少出售手工艺品的小店，如坤派艺屋、兄弟艺术空间、聚艺苑画廊、布农铃、东巴作坊等都是别具特色的民族手工艺品小店。这里的工艺品大多为手工制作的，游人不仅可以在这里选购合意的商品，有时还可以看到工艺品的整个制作过程，十分的有趣。

当然，除了这些颇具民族特色的工艺品之外，丽江当地的特色小吃也是不得不介绍的。

丽江粑粑是纳西族美食的一大特色。丽江粑粑并非特指一种，明徐霞客说的油酥面饼是较为出名的丽江粑粑中的一种。它表里不如一，但是相当讨人喜欢，分为甜咸两种，甜的有白糖馅、红糖馅；咸的是用火腿和面揉在一起，或者是撒上些椒盐，味道也很好。还有一种叫水焖粑粑，是没味的，可以当饭吃。甜味粑粑多受青少年朋友的喜爱，而成年人更偏爱咸的。当你去饭馆吃饭时，要一盘粑粑，千万不要以为这是他们饭店自己做的，因为会做粑粑的人在丽江市里面没有几个。虽然丽江粑粑满街都有得卖，但那些粑粑都是批发过来的。

丽江蜜饯更是早有了不小的名气，这些蜜饯全由纳西女人手工制成，块块晶莹透亮，似成色极佳的黄玉，味道五花八门，种类繁多，琳琅满目，在此试举一些：苹果蜜饯、辣椒蜜饯、海棠果蜜饯、冬瓜蜜饯、梅子蜜饯、小白芨蜜饯、红薯蜜饯、番茄蜜饯、木瓜蜜饯、莲藕蜜饯、茄子蜜饯、柚子蜜饯、橘子蜜饯等好多你想都没想到过的蜜饯种类，但它们都有一个共同的意思：甜蜜蜜。

丽江古城的街头,有一种著名的传统风味小吃叫"鸡豆凉粉"。鸡豆是丽江特产的名豆,远销东南亚各国。丽江鸡豆凉粉味道鲜美、韧性好,除凉吃外,还可热吃。大街小巷卖凉粉的都有两手准备,以适应顾客要求。凉吃多在暑季,那晶莹的粉片与红辣椒、绿韭菜、花椒、酸醋、酱油、姜汁、蒜泥、香油等作料腌拌起来,色香味俱佳,一碗入腹,开胃爽口又清凉消暑。热吃多在寒凉季节,那方正的粉块放在平底锅里两面煎黄,再按各人口味加上麻、辣、酸等各种作料,一碗下肚,全身暖和。鸡豆凉粉,价廉物美,深受人们的青睐。

纳西族先民爱饮酒,纳西窨酒更是丽江的一大特色。东巴经书《耳子命(饮食的一历)》是一部农业生产劳动的颂歌,长诗的第一部分,就描写了种麦、酿酒的全过程。说明纳西族先民在很早的古代就已经学会酿酒了。纳西族人现在常饮的酒有白酒、黄酒、窨酒,尤以窨酒出名,曾获中国首届黄酒节二等奖、全国旅游饮品优质奖。窨酒呈琥珀色,透明,味甘醇清香,酒精度数在20度左右,含15%的葡萄糖及多种脂肪酸化合物,多种氨基酸和维生素,有良好的滋补作用。窨酒用大麦、小麦、高粱等粮食和特殊的丽江酒曲,选玉龙山下的泉水酿造,酿好后入窨摆放一定时间年份后才算珍品。由于纳西人民好酒爱酒,甚至纳西族歌手肖煜光还创作了一首叫《纳西酒歌》的歌曲。

如果想吃到正宗的丽江小吃,就不要睡懒觉。大石桥一带的小吃一定要早起,如果晚了,有名的黄豆面就卖完了。一定还要试试丽江的风花雪月啤酒和云南小粒咖啡,当然还有常年不断的雪水养就的虹鳟鱼。因为玉龙雪山常年不断的清泉,水质清澈,冰凉刺骨,正是虹鳟鱼最佳的自然养殖场,其肉食之鲜嫩可口,令人难忘。

除此之外,丽江的特色美食还有很多,如纳西火锅、黄豆米线、灌米肠、吹猪肝、岩巴玖、东巴烤鱼等等,都是很受欢迎的当地美食。

9. 丽江的"骡马盛会"

每年的农历七月中旬,丽江"七月会"便拉开了帷幕,这是纳西人的又一重要节日。会期在十天左右,因以骡马、牛等大牲畜交易为主,又称"七月骡马会"。

七月会,历史悠久,远近闻名。传说纳西族创世祖先崇忍利恩,经历洪水劫后余生,与天神的公主衬红褒白邂逅相爱,冲破重重阻挠,终于成婚。在从天上返回人间创世时,他把天宫的马匹交易会也带回了故乡,于是丽江便有了骡马盛会。

其实,丽江自古便有"花马国"的美誉,这里很早就用马与四川客商交换盐、铁。在用纳西象形文字书写的《东巴经》中,就有不少关于养马生活的精彩描绘。早在明初,丽江木氏土司便以本地骏马送京朝贡。清代乾隆年间,在丽江古城每年三月的龙王庙会上已有骡马牲畜交易。民国初年,在各地骡马互市基础上,又在丽江古城狮子山西边的山坡上举办七月骡马会。新中国成立后,随着民族经济的繁荣和发展,古老的七月会更加兴旺,成为交易骡马、物资,传播文化的新型盛会。随着规模的日益扩大,会址也搬迁到了更加广阔的县城东南红星交流会场。

丽江马体形匀称,眼小有神,颈短粗而有力,肌肉发达,四股强健,蹄质坚硬,有吃苦耐劳、举步轻巧、善于爬山越岭等优点。驮、骑、拉均宜,不但在当地被广泛役用,而且每年都有大批马匹输往各地。明代由于军事和运输的需要,从山西一带引进了优良驴种,与当地好马交配,培育出了骡子。

七月会期间,纳西人牵着牲口,带着农副土特产和各种中药材,来到大研镇赶会。邻近的各地汉、白、彝、藏、傈僳、普米等族兄弟姐妹,也身穿民族节日盛装前来赴会。西藏、四川、贵州、陕西、河南、河北、安徽等地的客商,也远道赶来参加盛会。人们白天赶会,逛会,看展览,看演出。从街头到会场三公里的路程,人流从不间断。日落黄昏，华灯初上，四方街、新大街和广场上，人声鼎沸，热闹非凡。有的吹笛子，有的奏芦笙，有的对唱"谷气调"，有的围圈跳起《阿丽里》和《哦默达》。今日的纳西七月会，已名副其实地成了边疆新貌的博览会、民族友谊的交流会，越来越显示出它独具一格的特色。

10. 纳西族的"棒棒会"

棒棒会，又称"米拉会"，是云南丽江纳西族的传统节日，于每年农历正月十五举行。届时，丽江城内人流如潮，街道上摆满了交易用的竹木、铁农具以及果树苗木、花卉等。该会由"弥老会"演变而来，原是在寺庙举行的庆祝会。

关于棒棒会起源的说法有两种：一说与佛教有关。相传清朝雍正元年，一到农历正月十五这天，木土司便会在玉皇阁请喇嘛念经，超度祖先亡灵。当时丽江一带"改土归流"后的农民、手工业者，便于此日在木土司官衙门前的街道上摆摊售货，之后又慢慢演变成为了以交流竹木农具为主的农贸市场。二说源于对木土司的反抗行动。传说古时纳西族地区木土司企图"改土归流"，引起了当地群众的不满，人们便操起木棒来到街头对木氏家族表示示威和抗议，于是形成了棒棒会的习俗。后来，每到农历正月十五这天，人们都扛着马笼头、鸡笼、犁、耙、桶、锄等各种木制农具涌向丽江纳西族自治县大研镇进行交易。其中尤以用作斧把、锄把、镰把等的棒棒最多，故称"棒棒会"。棒棒会之后，春耕大忙即将开始。因此，棒棒会实际上是为春耕作准备的一次农具交易盛会，标志着一年春节活动的结束和春耕生产的开始。

11. 天然书法家的古城人

丽江民居几乎家家都有门联，书写形式别具一格，独具观赏性。

一排汉字，一排东巴文，前者表意，后者见形，请主人讲解，你会发现东巴文字就像一个个美丽的神话。门联书写，风格各异，古城人都是天然的书法家，每副门联都是自家人的手笔。深入街巷，一副副对联，向你打开的是一幅幅民俗化的书法艺术世界，纳西人嗜文善墨的传统，深厚的汉文化功底由此可见一斑。另外，门联内容丰富，迎春、喜庆、婚嫁、服丧等都是寻常之景，其书写的形式、用纸的讲究、行文的规范、语言的表达，颇多不同，是你观摩学习民俗文艺最真实最自然的地方。当站在重点保护民居门前，看到"入户春风月圆夜，盈门喜气花好时"的对联时，你就不难理解"喜气满门"的横幅是如何道出这种民俗文艺形式给古城带来的欢愉。

12. 忙碌的纳西女人，悠闲的纳西男人

如果你来到丽江，你会发现一幅奇特的画面：在丽江的街头忙忙碌碌、行色匆匆的大多是纳西族的女子，而纳西族的男子则慵懒的晒着太阳，养花养鸟，一派悠闲。在如今男女平等的社会，大多数来自城市的旅人们都瞪大眼睛，无比惊奇地看着这一幕，啧啧称奇。究竟为何丽江纳西族的女子会如此忙碌，男人却可以这么悠闲？

在丽江古城，四十多岁的男人养花养鸟甚为普遍，这似乎给人以纳西族过于满足现状而不思进取的印象。纳西女性不仅要承担家务，而且还要赚钱养家。如同当今社会，丽江坝区的纳西家庭大多被男性所

主掌，但纳西妇女却承担着比汉族妇女更沉重的家务和责任。在古城原先的四方街菜市场，操刀卖肉的绝大多数是纳西妇女，而男性则在一旁收钱。1980年，《南华早报》的记者在古城关门口看到这一场景，以至于得出纳西社区仍保留母系遗风的结论。

在1253年蒙古人占领丽江之前，丽江的纳西和泸沽湖的摩梭同处于母权社会，1253年以后倾向于中原汉文化的木氏逐步受到汉族父权制度的影响。1723年，汉族的流官取代木氏家族统治丽江，大量的汉族的价值观，包括父权社会的规范和父母包办的婚姻制度开始盛行，纳西妇女不仅失去了对家庭的掌控，同时由于汉族恋爱婚姻形态与纳西传统的恋爱婚姻形态相冲突，纳西少女殉情的人数急剧上升，有些私定终身的男女则越过金沙江迁到摩梭社区，寻找自由的爱情。1970年以后出生的纳西青年男女，已经不再遵从传统的价值观念，他们和所有的新新人类一样，从西方涌入的文化中追寻着纳西祖先曾经拥有的自由精神。

13. 爱兰的纳西人

漫步在丽江古镇，你会发现几乎每一户纳西人都养花种草，这种怡然的情趣是纳西民众老幼妇孺皆喜欢的一种生活情趣。古城民众在劳作之余，喜欢追求一种怡情悦性的生活情调，养花赏花成了众人喜爱的生活情趣。

纳西人爱养兰，因为兰素雅、高洁。但因它的娇贵、不易侍弄，以及在花中的盛名，以前的人们总认为这并不是一种适合普通人种养和观赏的花。然而现在在丽江和束河，这种观念似乎变得不可理喻，因为这里不管是达官贵人，还是白丁俗子，都养兰；不管是名品还是最普通的兰种，每个院子里都有那么几盆。《幽梦影》中说，兰令人幽，幽而静，静而潜心。所以纳西人的从容到底还是有些根由的。

在花开时节，亲朋好友相互邀约到各家赏花，花丛树荫下，清茶一壶，自制水果蜜饯数盘，酒泡梅子一碟，在花香鸟语中品味人生闲暇。

14. 五颜六色的纳西服饰

在丽江古镇、束河小巷深处,随处可见身着五颜六色的纳西服饰的妇人。纳西人崇尚五颜六色的色彩,这尤其体现在纳西族女人的衣服上,你应该特别留意——肥肥大大,外面还罩着一件厚厚的羊皮披肩。肩膀的两边有两个大圆布圈,代表着日月,披肩上面的黑色代表黑夜,下面的白色代表白天,中间还绣着精美的七星,所以这种衣服有一个好听的名字——"披星戴月",象征着纳西族妇女的勤劳。

15. 纳西族宗教与人生礼仪

生老病死是人生的几个重要阶段,也是人类社会关注的主要内容,是民族宗教、民族文化的主旋律。同样,在一个传统的民族文化中,民族的信仰意识对该民族的生活有着深远的影响。无论是人们的日常起居、风土民俗、经济生活,还是出生、成年、婚配、死亡,其影响无处不在。

比如说,如今谁家生了个男孩,人们会说"我家生了个男孩",而年长的纳西族老辈们会十分小心地说:"上天给我家赐下一个男孩。"还会说"我家得了个男孩"。由此可见,在古代纳西族社会中,把新生的孩子看做是天神赐的。既是神赐,就必须弄清楚是由何方神灵所赐,就必须做祭祀感谢此神,并向该神灵求名。

纳西先民认为,居守于天地间四方八隅的12个神主宰着新生命的降生。居于东方的是虎神、兔神,居于东南方的是龙神,居于南方的是蛇神、马神等,实际上就是12生肖神。不同的人是由不同的神灵带到这个世界上来的,孩子的家人得请祭司东巴大师做一番推算,算出求名的神祇。东巴大师设坛焚香,诵读降神经典,迎请该神降临,然后祈求神灵为孩子赐名。当神赐下名后,全家老幼跪拜接受。

但凡年满13岁的纳西族孩子，家里都要请东巴大师为他们举行成年礼，民间称之为"穿裙礼"与"穿裤礼"，以承认他们已由少年跨入青年人的行列，从此准许他们正式参与青年人的一切社交活动。当度过四五年活泼、自由、欢快的青年社交生活之后，青年们便各自有了心中的恋人。经过双方长辈同意后，通过请媒说合、喝定亲喜酒、测定吉日等程序，便可迎来招凤入巢的大喜时辰。

在这标志着人生转折点的重要时刻，家中必须请东巴祭司举行一系列的宗教仪式。其中最重要的是双方家庭对"生命神"的礼仪。在纳西人的家庭中，每一个成员都有自己的生命神。生命神被称之为"素神"，所有成员的生命神共同居住在一个竹篓内。如今新娘的生命神即将离开家庭，家中需要请祭司将她的生命神分离出来，纳西语称这为"素可"。新娘的生命神将随迎接的队伍与新娘一同来到新郎家中，请求新郎家庭的生命神能够热情地接纳新娘的生命神。东巴祭司们把新娘、新郎的发辫结于一处，再用一根绳系着，绕着顶天柱向上延伸，最后牢牢系于男方生命神篓之上，新娘便成为了他家的神灵成员之一。

人乃血肉之躯，食五谷杂粮，经风霜雨雪，总有头疼脑热的疾患。纳西先民们不知其是躯体上的毛病，而认为是主宰躯体的生命神"素"或是灵魂"俄恒"受到了外界鬼魔的侵扰，或被摄取扣押，或被惊吓逃窜。生命神与灵魂远离躯体，躯体自然动弹不得，昏躺病榻。

所以，家里一旦有人生病，病人家属心急如焚，访巫求师上卦，查明生命神如今何在，被关押于何方恶魔之处。一经测出，主人便不惜财物，并烧燃浓浓的天香烟柱，一个劲地往天香中添加酥油、面粉、香料以及各种祭品。

这三五日的热闹，东巴祭司们像是在做游戏，孩童们似在看杂技，主人家却是经历了一番生死攸关的战斗。围观者时而为患者皱眉，时而为东巴舞者喝彩，时而又疯狂地为攻克鬼寨的东巴们呐喊助威。总之，山民们像是在抗争，为了生存，为了健康，为了打破山谷的寂静，为了展示人的力量；又像是在过节，祭祀主人为此付出了沉重的精神与物质代价。如果患者痊愈，东巴们会说：这是因为他们本领高强，神力伟大。如果患者并未好转，他们会说：命该如此，大家都尽力了。待村中有了下一位病人之后，病者家属、东巴祭司以及村民们又都会在此举行下一个让人振奋的驱鬼仪式。

纳西族最重要最盛大的人生礼仪要数丧葬仪式了。纳西族的丧葬仪式要做两件事：这头一件就是处理尸体。死者的生命神离开了躯体，躯体就不能久存家中，得举行"希坎"仪式，把尸体妥善处理，火化是他们处理尸体的主要方法。接下来要做的就是"希务"，"希务"是为纳西族死者灵魂而操办的礼仪。纳西先民认为，人的死亡，并非消失于世，而只是其生命神"素"重新选择栖息地，另选一个新的载体。死者对于生者而言，只是出远门，只是告别了此地的亲人，到祖辈故地同先辈一道生活而已。可是，并不是所有死者的生命神都能够回到祖先故地，死法不同，去处也有所区别。死于刀枪或野外的被称为"凶死"，其生命神需到凶死鬼鬼王那里报到；为男女情意而殉情的，其生命神会到情死鬼鬼王那里寻求人间难以称心的恋情；还有饿死的、未成年而夭折的，皆有各自的去处。

"希务"仪式的主要任务，是送死者的生命神上路。东巴祭司会告知它们各自的去处、路线、歇脚的驿站、渡口、桥等方方面面的注意事项，并求神灵保佑，求鬼怪勿害。家人会再次赠些用品。古时甚至赠活马、活羊让生命神骑乘。后来则用竹编、绘画、雕塑的牛、马、犬、羊予以代替。

过去的纳西人，要在人生旅程的许多重要阶段举办一些宗教仪式。事实上，这些活动中存在着一些愚昧的、非科学的、浪费的行为，我们应当给予适当的理解。人类的很多文明都起源于祭祀等宗教活动，这是人类在向天、向生命、向未知的一面不断认知的一个过程。纳西族的先民，或者说是中华民族的先民，甚至所有民族的先民们，在这些如今看似幼稚、而且并不科学的传统宗教活动中不断衍生了自己的文化，民族民俗文化得到了不断地丰富和积累，从而奠定了今日人类文明的坚实基础。

16. 丽江纳西族婚嫁

丽江纳西族青年男女婚前社交非常自由，但择偶却排除了男女相爱的意愿，都是以媒妁之言、父母之命包办成婚的，其择偶时候姑舅表和姨表有优先为青年选择结婚对象的权力。一般男女长到四五岁，就会提亲订婚，有的甚至指腹为婚。其主要婚仪有：以提亲为内容的问素（素媚），以请女到男方家认门的认素（素苏），以迎亲为内容的请素（素库），以拴线为内容的拴素（素注），以新郎新娘抹额头油为内容的素麻巴（抹额油）和回门等礼仪。

首先要问素，也就是我们所说的提亲。是指男方父母相中某家的女儿后，请一媒人（择请家里夫妻双全、儿女多的媒人），携一坛酒、两盘蔗糖、两块茶砖去女方家提亲。媒人将礼物供奉在素婆面前，说明来意，方回。七天以后，女方没把礼物送回男家，表明同意联姻，若把礼物托人送回男家，则表示不同意联姻。女方表示同意联姻以后，男方请东巴看属相，属相相合就过大小酒礼。

订婚（认素），一般有两次订婚礼，一为小酒礼，二为大酒礼。过小酒礼时需请舅父或舅母陪同，媒人携一盘米、一盘茶叶、一盘蔗糖、一坛酒、一对银手镯等礼物，到女方家后，将礼物供奉在女方家的素婆面前，男方祭奠女方家的素和火塘以后，请族内长者喝酒，此礼仪也称尝酒礼。过大酒礼时男方父亲或母亲一人前往女方家，陪同的有媒人、舅舅或舅母一人，族内亲戚两至三人，礼物除米、茶、糖外，还有女方的一盘衣衫、一对玉手镯（金银首饰以男方家庭的经济情况而定）。到女方家后，男方将礼物供奉在女方家的素婆面前，男方祭奠女方家的素和火塘以后，请女方族内长者喝酒，并行以认会亲家的礼，此礼仪也称亲家会，也有相素和认素的意思。

请女礼，也称认门礼（认男方家的素）。女子长到十七八岁时，男方请订婚女认亲、认门。此礼仪实为订婚女认其男方家的素。请女时，女方陪订婚女的有舅父或舅母一人，亲戚两至三人，女伴一至两人；女方到男方家后，携一盘米、一盘糖、一坛酒作为礼物，供奉在男方家的素篓前面，磕头。后向男方族内长者磕头，受拜者都得给女方礼物。女方到男方家认亲认门后，过年时应到男方家登门拜年。请女方认门、认素以后，女方的肉体已变成男方家所有，所以，农时有未嫁女到男方家帮忙的习俗，而男方逢年过节的时候，会给女方家送礼，称为送节礼。

提婚期是指男方请媒人带一坛酒到女方家里，商议婚期。女方若同意嫁女，男方则请东巴祭司择日子，男方再把择得的日子通知女方。

纳西族迎亲时的请素（素库）婚仪，对男方是以娶女为内容的请素灵魂，行以请素（素库）的礼仪，而对女方却是以嫁女为内容的分素灵魂，行以分素（素可）的礼仪。

行礼一早，男方家杀猪以献素篓。东巴祭司执以请素的礼仪。礼毕，猪烫毛开膛，剖割半边猪肉，此猪肉称"史开"，男方带着猪肉到女方家行以分素（素可）为内容的"开蚌"（接亲）礼；接亲队伍行过开门歌的对歌以后，女方家唱："我要开门了，给牦牛和老虎门神带来何礼物？"男方答："给牦牛门神带来红盐巴礼物，给老虎门神带来红肉礼物。"女方答："问了老虎和牦牛门神，门神同意开门了。"男方人方可进到女方家里，把"史开"（猪肉）和所带礼物摆在女方家的素篓面前。主坐右边座，客坐左边座，唱以分素（素可）为内容的"素喂喂"，新郎向女方家的素篓和族内长者磕头、敬酒。女方的哥哥或弟弟将新娘背出，新娘向素篓和族内长者磕头。然后新娘执舀水瓢在水槽里反手比划舀水状，此动作标志女方不再执掌屋里的瓢勺了，也体现了她的素灵魂已分出去了。

将新娘迎娶到男方家以后，请东巴祭司行以拴素（素注）的礼仪。执仪时将一只装有素身、素桥、素梯、素桩、素塔、素石、素食、素旗、素绳（称索旦儿，也称素潘儿）等具物的素篓放置在公母柱面前（有的放在厨房的灶台上）。新娘和新郎洗手，新娘点灯，新郎点香，然后双双跪下。东巴祭司执一水瓢，瓢内放一烧汤的石头，又放一蒿枝，然后用清水浇石头，使其散发出热气，此仪式称曰"鲁布臭拉"，意为除秽驱邪。接下来，东巴从素婆里取出松木质的素梯和栗木质的素桥递给新娘，取出柏木质的素塔和栗木质的素桩递给新郎，又取出一根红线（古时用皮绳）一头系在公柱上，然后搭过新郎和新娘的肩头，把绳头压在素婆底下。然后，东巴右手执一挂有猪胆的青松枝，左手执系有五色缨须的箭，口诵素合拢的经文，蘸以酥油，在新郎和新娘的额头上抹油。行过抹油仪式后，东巴祭司收回娘和新郎手中的素桥、素梯、素桩、素塔和红线，将这些具物捆成一捆，放进素婆里。又取出素箭，放在新郎手里，新郎将素箭插入婆里，再把素婆供奉到"格顾鲁"的神龛上，有的也供奉到母房的公柱上。

素婆内的具物素桥、素梯，标志女方的素灵魂过桥，爬过架在岩间的木梯，嫁接到男方家里；而素塔标志女身，素桩纳西话称"嘎可足"，意为插以胜利桩，标志女身的素灵魂以素绳拴系在素桩上。素石有的说标志生殖石，也有的认为是标志高寿长命，因米利陆阿普分寿岁的时候，石头得了亿岁，流水得了万岁⋯⋯显然，从这一现象看，素石标志祝愿新郎新娘长命百岁。至于东巴祭司手执的猪胆，据传祖先从刃利恩中找到了长生不老药（兴斯开美胆），泡制后，晾在檐口，药胆被白鹤发现后叼走了，因而人失去了长生不老药，而白鹤吃了兴斯开美胆，变成了能活千年的仙鹤，所以东巴祭司手执的猪胆是标志其长生不老的。至于箭的文化，那是纳西族先民有了"晶吾"五行观念以后，素婆里才添置的拴系有一束五色缨的素箭。素箭标志着男性生殖器，素缨的五种颜色分别代表着木、铁、水、火、土五行五元质。纳西先民认为生殖箭撮合五元质谓曰生，五元质的分裂谓曰死，五元质引起的盈缺谓曰病，所以素婆里加一拴系有五色缨的生殖箭，体现了"晶吾"五行（五元质）在生殖箭的撮合下才有了人类的

41

始生，这为素箭的内涵。但它是后来才加进去的内容，不是素的原生文化。

东巴祭司在行"素注"（拴素）仪式过程中，环坐在火塘边的长者对唱以拴素为内容的"素喂喂"。

纳西先民认为，行过了抹油礼和拴素的仪式以后，嫁到男方家的女人不仅人嫁到了男方家，而且灵魂也嫁进了男方家的素篓里。人死后，死者灵魂的归宿是祖源故地，女人一旦出嫁，娘家的祖先便不再收留嫁女的灵魂，所以女方死后，她的灵魂应送往男方祖先的故地，这就是出嫁女"生是男家人，死是男家鬼"一话的涵义。

晚上，男方烧一塘火，众人围火而歌舞，先是新郎和新娘手牵手对着素篓歌舞，然后再到外面参与舞圈歌舞，此俗称"素华华"，意为素灵魂欢乐。

过门后接下来是回门仪式，回门前新娘的公婆在火塘里烧一塘火，对着素篓念叨："媳妇回去了，请素保佑，百顺百利，平安回家。"此仪式称曰"素米贡"，意为告诉素，媳妇回去了，祈求它保佑。显然，这里的"素"有了某种层次的神格化的素神的内容。纳西先民认为一个人从一个家庭的成员变成另一个家庭的成员，首先得把这个人的灵魂从这个家庭成员共同所拥有的"素"灵魂里分出来，拴系到另一个家庭的素篓里，这样，此人才能成为这个家庭的成员，要让每个成员的"素"有归宿、有名分，所以在纳西族传统婚嫁中，从一开始的问素（素媚）、认素（素苏）、请素（素库）、拴素（素注）、素麻巴（抹额油）到最后回门时的"素米贡"，"素"贯穿了整个婚仪仪式。

17. 纳西族的"情死"文化

纳西先民有行娶嫁灵魂的"素注"婚仪传统，凡是行过"素注"婚仪的夫妻，生时为夫妻，死后魂也应回归祖源故地，与祖先一起过生前一般的生活。而情死是相爱的青年男女，生时不能结合为夫妻，死后魂归情死乐土。所以,情死的男女死后不会魂归祖源故地,而是变成情死鬼,魂归十二岩子坡的情死乐土,与相恋的人一起过生前一般的生活。

东巴典籍《课摞尤子茨》叙述太古时候,尤主阿注和米利东阿普相爱,尤主阿注用她的能使人引起"各洛"的愉声悦音和美好幻景引诱米利东阿普情死,可是米利东阿普没有被她的愉声悦音和美好幻景蛊惑,他说:"尤主阿注呵,我死了不能魂归十二岩子坡的情死地,死后我的灵魂会变成祖魂,魂归祖源故地……"米利东阿普作为纳西先民的祖先,他不被尤主阿注蛊惑,不做情死鬼,后来他活了一千八百岁,死后灵魂回归祖源故地,变成祖先神。他是纳西族伦理道德的模范执行者,是道德规范的化身,而尤主阿注变成殉情的始者,她是纳西族伦理道德的叛逆者。因而纳西族先民把死后灵魂能否回归祖源故地,作为死者死后变成祖魂或鬼魂的判别标准,也就是说祖魂回归祖源故地,鬼魂回归鬼地,而情死者变成情死鬼,魂归十二岩子坡的情死地。

一男一女对偶的情死,反映了相爱的男女再也不必和自己所不愿意的父母包办的婚姻对象生时做一家人,死后也要和不相爱的人魂归一起的悲惨结局。所以情死是死后结成一家,寄希望于死后同赴情死地,到达理想的乐土,过生前一般的生活。其心态是宁肯死后同心爱的人在一起,也不愿活着与自己不喜欢的人结成夫妻。显然,先民认为按伦理道德的死,死后魂归祖源故地,变成令人膜拜的祖先神,而按叛逆伦理道德的死,死后变成鬼,但它可以魂归美好的情死地,同相爱的人过生前一般的生活。毋庸置疑,两种死亡方式同是体现了纳西先民死境比生境好,死重于生的内涵,这也反映了纳西先民轻生心理形成的传统文化基础。

基于这种心态表现在婚恋上的情况是:一方是执著地追求因袭的、残留的氏外群婚的男女自由择偶的社会婚恋,另一方是为巩固男权统治的需要而产生的排除氏外群婚制的一夫一妻制的婚姻形态的实施。两种迥然不同的婚姻文化,在思想意识形态领域中发生了激烈的矛盾冲突,冲突的结果当然是代表新生势力的实施一夫一妻制的维护父权社会的婚姻文化占了绝对优势。一些青年男女希望自由结合,摆脱一夫一妻制婚媾的羁绊,倒回过氏外群婚制式的男女社交极端自由的生活,这必然是悖逆历史发展潮流的,因而这种逆行必然受到残酷的惩罚。这就使得在自由社交中建立起深厚感情的男女往往被逼殉情,让死者将一切希望寄托于死后灵魂的归宿乐土上。

东巴祭司依据当时所发生的惊心动魄的情死悲剧,创作了东巴典籍《鲁摆鲁饶》,并把它作为超荐情死者鬼魂的经书,摆进祭奠情死鬼的道场中,在祭坛仪式中反复吟诵。《鲁摆鲁饶》前半部分反映的是氏外群婚制和一夫一妻制婚姻之间的斗争。经文开头描述的"从般从饶能达懂,鲁摆鲁饶能没懂",意为"看见人们按着祖先迁徙的路迁下来的人,没见逆着祖先迁徙路迁下来的人"(从,意为人;鲁,意为青年人,也有成熟的意思,当人进入青春期后称为"可鲁")。因而这两句经文的意思是人类应该按祖先迁徙的路约束人们自己的行为。"祖先迁徙的路"寓有两个层次的涵义:一为祖辈传承下来的约束人的行为规范和伦理道德的习惯法规;一为寓有人死后,应行以教路为内容的仪式,此仪式应按祖先迁徙的路径,往回一站又一站地把死者的亡魂送往祖源故地。这一教路仪式,也反映了只有按着祖先制度的行为规范和伦理道德约束自己的人才能魂归祖源故地。上述经典所描绘的内容是迷恋于氏外群婚制的青年男女不听从祖先的劝说,不受囿于祖先制度的行为规范和伦理道德的约束而集体逃跑、伙群殉情的情况。所以经典的上半部分集中反映了氏外群婚制和一夫一妻制婚姻的斗争而造成集体情死的事实。

那么,纳西先民对于情死者的丧葬又是什么样的呢?先民依据死者情死的不同,分正常死亡和非正常死亡。正常死亡者灵魂变成祖魂。何谓正常死亡者?死者死时得含珠,为正常死亡,变成祖魂,魂归祖源故地。而非正常死亡者,指不得含珠而死者,其灵魂变成鬼魂，魂归鬼地。纳西先民称非正常死亡者为"旦"死。此一"旦"类死者的死因，是人们的七情六欲受挫而情死，这一情死排除男女对偶相爱恋的爱情受挫败的情死，显然它是以七情六欲的多元感情受挫而引起的情死。对此情死者的丧葬，是执以"旦拉列肯"的小祭风祭祀（旦，为非正常死者；拉列，有疯荡、狂乱、风流、风骚等含意；肯为放，有超荐之意）。因为情死不是一夫一妻婚姻的爱情结合，而是与非正常死者"旦"死合为一体的多元情死。所以执以"旦拉列肯"的小祭风仪式超荐。显然，原为尤主阿注和格土欣卦的愉声悦音和美好幻景的蛊惑，使人们引起"各洛"，并在风灵的驱动下，促成情死。而这时"各洛"里，注入了七情六欲的多元感情，使尤主阿注和格土欣卦的愉声悦音和美好幻景具有了人间的喜怒哀乐、悲欢离合、生老病死、贫富荣衰等等多元的感情内容。这时，旦列拉肯的祭风祭木也从风灵转化成风神灵的神树文化内涵，这时死者的灵魂从毒和厌的摄押处赎魂，托寄给尤主阿注和格土欣卦转化的风神灵，送往十二岩子坡的情死者的归宿地。

假若青年男女发生了情死未遂的事情，女的被捉住了，就会被捆绑回来，行路逢桥便让女钻行桥洞，送到未婚夫家，若是男方家不愿意收留情死未遂的女方，还得用青刺条鞭笞以除掉邪气，谁想娶可嫁与谁做妻，而男方就得逃离远方。若是双方相约情死，女方死了，男方未死，女方可到男方家讨还人命，并有权把男方处死。若是双双逃婚，逃婚者被抓捕回来，未婚夫有权娶女方为妻，或送与他人为妻，而逃婚的男方将会被行割鼻割耳等酷刑。

这些都是维护一夫一妻制婚姻形态的习惯法规，尽管这些法规想方设法堵住情死者的路径，但是婚前极端自由的恋爱是纳西族氏外群婚制的思维模式的具体体现，加以纳西族的丧葬文化中有死者魂归一定地方的内容，因而在纳西族的传统文化中是有着死重于生的心态的。所以情死者死后寄托于魂归情死乐土，过生前一般的生活。虽然男女明知情死路上有重重的羁绊，但是他们仍不顾重重险阻而赴情死。这一情死的内涵已不再是过去的氏外群婚制婚姻的伙群情死,而是属于在一夫一妻制婚姻中想要摆脱父母的包办,欲求男女的婚姻在爱情的基础上自愿结合。当这种自愿择偶结为夫妻,在父母意志包办干涉下得不到实现时,男女便双双殉情,寄希望于死后灵魂归于一地,也就是说生前不能成夫妻,死后魂归情死地,实现生前一般的夫妻生活。

四、文化篇　神秘古老的东巴文化

东巴文化是指纳西族古代文化,以纳西族古老的宗教——东巴教为载体,以东巴教所用经书为主要记录方式而存在于纳西民众中的独特的民族文化。因保存于东巴教而得名,也称做东巴教文化,形成于唐宋时期,约有近千年的历史。

东巴教没有寺庙和宗教组织,却有丰富多彩的宗教仪式。纳西族的原始宗教文化内涵丰富,包括整个纳西族的古代历史文化情况,如书画、歌舞、天文、地理、农牧、医药、礼仪等知识。

1. 神秘的东巴文化的历史起源

东巴文化是指纳西族古代文化,因保存于东巴教而得名,也称做东巴教文化,已经有近千年的历史,它既是一种宗教文化,也是一种民俗活动。东巴文化包括东巴文字、东巴经、东巴绘画、东巴音乐、东巴舞蹈、东巴法器和各种祭祀仪式。

东巴教是纳西族的一种原始多神教,信仰万物有灵。它是纳西族的本土巫文化与后来从西藏传入丽江的藏族苯教共同影响下发展起来的宗教,其祭司被称为"东巴",古语中是智者的意思,这些"智者"知识渊博,能画、能歌、能舞,具备天文、地理、农牧、医药、礼仪等方面的知识。他们书写经文使用的是一种"专象形,人则图人,物则图物,以为书契"的古老文字,称"东巴文",他们是东巴文化的主要继承者和传播人。

据说当佛教随着文成公主传入吐蕃(今天的西藏)之后,正中吐蕃首领松赞干布下怀,由于当时吐蕃的原始宗教苯教逐渐强大,已经形成了有组织的僧侣寺院,势力足以抗衡吐蕃贵族的统治,对松赞干布来说这有如芒刺在背，佛教的传入正好可以用来压制苯教的势力。于是松赞干布尊崇佛教，积极打压苯教的势力，被压迫的苯教僧侣纷纷往吐蕃周围地区迁移，其中一部分，包括东巴教的第一圣祖丁巴什罗就迁移到了白水台。他们在这里住下来，并且创造了东巴文字，以便于记载经典和传教。白水台附近的岩洞里就曾发现过古老的东巴文岩画。这种东巴文字至今仍然在使用，是世界上唯一还在使用的象形文字。

2. 世界上唯一活着的象形文字

传说纳西始祖丁巴什罗"手握金鹿送来的竹笔，沐浴着蓝鸟带来的灵感，观奎星圆曲之势，察龟文鸟迹之象，博采重美，合而为字"，这就是今天仍被广泛用于纳西族人生活中的象形文字——东巴文字。由于东巴掌握这种文字，故称东巴文。东巴文也称纳西象形文字，它来源于原始的图画文字。纳西语称"思究鲁究"，可直译为"木迹石迹"。它包含有两层含义：一是指"留记在木头、石头上的迹印"；二是指"木石之痕迹"，也可引申为"见木画木，见石画石"，也就是以画物像作为记载交流的工具。

现在可以见到的最古老的记事符号，是在形成于六千年前的仰韶文化遗址上发现的刻在陶器上的记事符号。原始的陶文还不能用于记录成句的语言，只能算作文字的萌芽形态，最早成系统的文字是商代刻在青铜器上的金文和刻在龟甲兽骨上用于占卜的甲骨文，东巴文字就有些类似此类文字。

东巴文字大约产生于公元11世纪，是一种十分原始的图画象形文字，从文字形态发展的角度看，它比甲骨文还要原始，属于文字起源的早期形态，

最早是写画在木头和石头上的符号图像，后来人们发明了纸，才把这些符号图像写在纸上，成为东巴文经典。所以说，东巴文被誉为目前世界上唯一保留完整并还在使用的"活着的象形文字"，也是世界上最古老的象形文字之一，是人类社会文字起源和发展的"活化石"。

象形字临摹了对象的基本特征和轮廓，而略去了无关紧要的细节。文字在造字之初，它的形体和它所代表的词义之间有一定的联系，随着历史的推移，字形和字意都不断地发展和变化。而今仍保留于纳西族的东巴象形文字就是至今唯一流传下来并仍在纳西族中普遍使用的象形文字，包括象形、会意、指事、形声等字体。文字总数约1600个，目前已知的有1400个，为珍贵的文化遗产，东巴文中的每一个图像符号都有它约定俗成的线条和笔法，形成有固定所指的概念，并具备了表示某字、某词的符号。它简约、生动、粗犷、夸张，有些字初看就可以明白它所表示的大致意思。东巴文的表意方法主要是用一个字或几个字代表一句话，字句从左至右，自上而下。

老东巴们用竹子削成的竹笔，蘸着用松油和胶水制成的东巴墨，在一种用纳西特有的木质纤维制成的东巴纸上，用东巴象形文字写下洋洋几万卷的东巴经书，窄窄的、长长的一页页装订成册，因为这种造纸的纤维是有微毒的，所以经书历经百年而不朽，墨迹不会褪色，纸也不会被虫蛀。

用东巴象形文字书写的经书，主要用于东巴在作道场时朗诵之用。东巴经卷帙浩繁，留存至今的东巴经书和文献多达1500余种，共两万多册。其中属东巴经典的约有一千多部，大致可分为：祭天、祭龙、祭神、祭祖、驱鬼、解禳消灾、祭风、占卜、道场规矩、零杂经等十大类。它广涉天文地理、宗教哲学、神话传说、民俗民风，被称为古代纳西族的"大百科全书"。在东巴经中，有著名的三大史诗：创世史诗《崇搬图》、战争史诗《黑白战争》、爱情史诗《鲁摆鲁饶》。

纳西族老百姓讲纳西语，但不会写东巴文字，因为东巴文字只有东巴才有资格学,"东巴"是纳西族的"祭司"。东巴文字形态逼真,有的文字还涂上了颜色,宛如一幅五彩斑斓的图画,纳西族的先民们用它记录了纳西人对宇宙的冥想,对人类起源的解释,对鬼神的敬畏以及纳西族的神话传说,这些记录淳朴而富有哲理,成为了纳西文化传承的载体和精神家园,是人类远古文明的灵魂写照。

在纳西象形文字中,金、银、铜、铁、锡五金齐全。"铜"字在纳西象形文字中是锅里加上火,以火表示红,意即红锅,以红锅作"铜",可见创造象形文"铜"字之时,铜锅已被广泛使用。还有"铁"字,是一把斧子,可见人们用铁的历史也已很长。这都是纳西族早就进入铜器、铁器时代的一个佐证。《东巴经》中有关铁的记载极多,不仅讲到各种铁农具和铁兵器,诸如铁锄头、铁犁头、铁斧头、铁镰刀、快刀、尖矛、弓箭、铁盔、铁甲,甚至神话中的神鹏都要套铁嘴、安铁爪,丁巴什罗来人间降魔,天上众神送给他的武器中也有白铁降魔杵。这都表明在古代纳西族社会中,铁的地位很重要,使用也很广泛。

据对目前已汇集的纳西象形字的分类研究,属于植物名称的字,包括各种树木、花草、五谷的,约五六十个;属于动物名称的字,包括兽类、鸟类、虫类的,约一百一二十个。这反映了在创造纳西象形字的时候,人们受游猎、游牧生活的影响要比受定居农业生活的影响大得多。它为我们了解和研究古代纳西族地区的生物状况提供了线索。《东巴经》中还有这样的记载:小春播种在冬三月,到夏三月成熟;大春播种在春三月,到秋三月成熟。这也反映了纳西族一年播种两季作物的历史已经是相当悠久了。

纳西先民们创造东巴文字的原因和目的是为了记录经文和传教,《东巴经》也因此而得以传承。由古至今,世界上以成千上万卷图画象形文字记录一个民族千百年辉煌文化的,只有纳西族的《东巴经》。现存的两万多卷东巴经分别收藏于中国北京、云南、台湾、南京以及美、英、德、法、意、荷兰等国的图书馆和博物馆内。其中,中国国家图书馆收藏的纳西族东巴经、竹笔画、木牌画、卷轴画等有近四千件。其中的两件经卷在美国展览时受到了普遍关注。美国《纽约时报》记者1999年底还专门赶赴云南丽江采访现在还能书写东巴文的老人,并进行了报道。

据2000年人口普查资料显示,纳西族有30.88万人,分布在中国的西南边陲滇、川、藏三省交汇之地,约有95.67%的人口居住在云南省,以丽江纳西族自治县为主。纳西族原有四种文字,即东巴文、哥巴文、阮可文和玛萨文。其中东巴文和哥巴文在保存民族历史文化方面起到了不可取代的作用。哥巴文是明末清初从东巴象形文字演变发展而来的一种有标音的文字,"哥巴"是弟子的意思,哥巴文的意思是丁巴什罗后代弟子创造的文字,"哥巴文"是对东巴文的改造和发展,这种文字笔画简单,一字一音,比象形东巴文进了一步。哥巴文虽有2400多个符号,但重复的符号较多,常用的只有500多个,标音不标调,同音和近音字符很多,致使运用不广。纳西族创造了这两种古文字,而且至今还使用着这两种古文字,这在世界文字发展史上的确是个奇迹,在人类文字发展史上具有重要的学术价值。

3. 纳西文学之源的《东巴经》

《东巴经》多数是用象形表意的东巴文书写在一种特制的树皮纸上,常用于东巴祭司作道场时朗诵。《东巴经》经东巴的口诵手抄,世代相传保存下来，成为了东巴文化的主要载体。

由于东巴经是用原始图画象形文字书写的，一般人不易释读，所以东巴经一直被视为"天书"。纳西族的《东巴经》有五百多卷，七百多万字，全用象形文字写成。这种象形文字，纳西语叫"思究鲁究"，意为"木石之痕迹"，或译为"木字石字"，指其像木石之字。这种文字起源于图画，并始终保持着图画的特征，但又约定俗成，成为一种文字符号。在丽江、中甸、维西等纳西族地区，沿用了十多个世纪，国内外有不少研究纳西族象形文字的著作。

《东巴经》内容丰富，集纳西古文化之大成，记载有天文、气象、时令、历法、地理、历史、风土、动物、植物、疾病、医药、金属、武器、农业、畜牧、狩猎、手工业、服饰、饮食起居、家庭形态、婚姻制度、宗教信仰，乃至绘画、音乐、舞蹈、杂剧等等广博的内容，被誉为纳西族的"大百科全书"。它叙述了纳西族人民从奴隶制过渡到封建制这一漫长历史时期社会生活的各个方面。用万物有灵的思想来图解天地、日月、风云、雨雾、动物、植物、战争、爱情这些客观事物的来源，也描写了众多的鬼神、魔怪等。但处处可见人类祖先生活的影子，而且很多经书中都歌颂了人的奋斗精神。如人与神斗、开天辟地等，所以国内外学者认为，东巴经是研究纳西族古代的哲学思想、语言文字、社会历史、宗教民俗、文学艺术、伦理道德及中国西南藏彝走廊宗教文化流变、民族关系史以及中华远古文化源流的珍贵资料。

《东巴经》中有很多星座的名称，记载着东西南北四方二十八星宿，如三星、昴星、红眼星、北极星、启明星、长庚星、北斗七星，还有彗星。有的经书记载："若不是太阳和月亮，将不能分黑白"；"若不是参星和商星，也不能分昼夜"；"天上的三星甩着蕊宿手，三星和蕊宿结了仇，从此蕊宿吐露天，阴雾沉沉又沉沉，天体象不高"。可见，很早以前的纳西族先人就对天象和气象进行了深入的观察和研究。

《东巴经》还在一定程度上反映了古代纳西族社会的家庭形态。比如说有兄弟五人,姊妹六人,兄弟姊妹互为夫妻。这种兄弟姊妹互为夫妻的血缘家庭,是人类发展史上最原始的家庭形态。《东巴经》详细记载了丁巴什罗的世系,在他诞生之前,先有七代祖母,后有九代祖父,反映了先有母系家庭,然后才有父系家庭。丁巴什罗为了制服女魔司命麻左固松麻,对她说:"我在天上已经有了九十九个妻子,还差一个就满一百个了,特意再来找一个。"这个女魔欣然答应,这也反映了母系社会的遗迹。

《东巴经》是纳西族文学之源,尤其是东巴文学之源。书中除记载迎神驱鬼、祈福求寿、消灾消难等内容外,还记载了大量的纳西族古典文学作品,包括神话故事、叙事长诗、谚语歌谣等。尤其是比较完整地记载了反映纳西族远古时期生活的神话,其数量和质量都很惊人,不仅对后来纳西族文学的发展有很大的影响,而且大大丰富了祖国各民族的神话宝库。神话中最著名的是创世史诗《崇搬图》、战争史诗《黑白战争》、爱情史诗《鲁摆鲁饶》,它们合称纳西族的三大史诗,又被誉为东巴文学中的三颗明珠。

许多神话的篇幅都比较长,如已整理发表的《崇搬图》、《黑白战争》等都长达两千多行。从这些神话里,我们看到了古代纳西族信奉的神,如天神、地神、太阳神、月亮神、星宿神、善神、恶神、男神、女神、雷神、风神、云神、山神、水神、土神、石神、铁神、智慧神、灵巧神、善良神、丰盛神、测量神、度数神、胜利神、五谷神、畜牧神等等。当然,也还有各种各样的妖魔鬼怪。在这个神的世界里,不仅各种神的形象迥然不同,就连神的行事也具有不同的风格,展现了神话的绚丽多彩。

在苍茫荒凉的天地间,人类是那样的渺小和微不足道,尤其是在远古时代,人类面对不可知的大自然总会有恐惧感,因此也充满了敬畏,人们创造"神",也正是创造一种激励自己的精神力量,他们凭这种精神力量屹立于天地之间。

4. 东巴仪式的种类

作为东巴文化的一部分，多达30多种的东巴教仪式是纳西东巴文化的主要载体，即用象形文字记载在东巴经书里的内容通过各种宗教仪式表现出来，并以宗教仪式的形式传承下来。这些仪式力图诠释人与自然、人与社会的矛盾，与纳西族先民生产、生活息息相关，蕴藏着丰富的文化内涵，其中《祭天》、《祭风》、《祭署》、《祭丁巴什罗》等是比较具有代表性的仪式。

东巴经按仪式或道场的不同可分为：祭天、祭署龙、延寿、解秽、祭村寨神、祭五谷六畜神、祭山神、祭祖先、祭家神、求嗣、祭猪神、放替身、解禳灾难、祭胜利神、祭水怪猛妖、开丧、祭死者、祭风、祭短鬼、退口舌是非、驱瘟神、占卜、道场规程、零杂经等24类。

5. "祭天"、"祭署"、"祭风"

祭天是纳西族最重要的祭祀仪式，纳西族人自称纳西祭天大，纳西是祭天的民族。每年春秋两季分别以家族或家庭为单位在固定的祭天场举行祭天仪式。祭祀时，纳西族人会在祭天场中央立两棵黄栗树和一棵柏树，分别代表天父、天母和天舅。祭树下插大香，置供品，献牲口。由东巴祭司诵念东巴经《崇搬图》（人类迁徙记），缅怀祖先、歌颂英雄、赞美创造，用来传递历史渊源，加强民族团结，祈求风调雨顺，天下太平。

祭署，纳西语称为"署古"，纳西族于每年农历二月举行祭署仪式。据东巴经记载，署和人是同父异母的兄弟，署分管农耕畜牧。后来人不断地毁坏森林、污染水源和捕杀野生动物，导致署对人进行报复，使人生病、遭受瘟疫、洪水、地震等灾难。为向署表示人的过错，祈求免灾赐福，人类请丁巴什罗协调，并跟署建立了和谐的关系。

祭风，纳西语称为"海拉里肯"，目的在于超度因情自杀或战争灾祸等非正常死亡者的亡灵。纳西族相信人死灵魂不死，非正常死亡者的灵魂会被鬼魔所缠，变成恶鬼在人间作祟，因而要由东巴祭司进行招魂、超度，安抚其亡灵。殉情而死的亡灵被祭司超度到神秘的玉龙第三国，那里白云、蓝天、高山流水、青松翠柏、草地鲜花，老虎当坐骑，白鹿当耕牛，男耕女织，谈情说爱，无忧无虑，是爱情的乐园，是幸福的天地。

6. 东巴文化中的"祭丁巴什罗"

祭丁巴什罗，纳西语称为"什罗务"。它是人去世后举行的一种开丧仪式。届时在丧家屋内设神坛、持神像、置供桌，以铁犁铧代表居那若罗神山，设白牦牛、白马等神灵面偶、竹编、供酒茶等祭品。天井里置"标杆"，院内设鬼域、鬼寨，并从屋内灵柩前开始至大门铺设神路图，表示亡灵将在东巴祭司的超度下顺着神路图到达祖先居住的天堂。其场面宏大，气氛悲凉。

7. 东巴文化中的"素神"

"素神"是纳西族传统的结婚仪式，又称"抱麻抱"。纳西人认为，每个人都有自己的生命神——素神。素神被供奉在每个家庭的素篓里。举行这个仪式时，在东巴的主持下，将新娘的素神从其家庭的素篓里请出来，迎进新郎家庭的素篓里，与新郎家庭的其他成员的素神结合为一集合体，象征从此永不分离。其中，在新郎新娘头上抹酥油是仪式中最重要的部分。

8. "汝众华"仪式

祈寿仪式也称为"汝众华"，是纳西族祈求风调雨顺、延年益寿的活动，是东巴教中最重要的祭祀仪式之一。在仪式中除了布置神坛，悬挂日、月、仙鹤、七星旗，摆放祭品、神石以外，最重要的是设一座代表"迎华神"的华塔和一棵代表华神梯的柏树。主祭东巴为主祭人家迎华神，求寿缘，求神福泽。其中，将酒、米撒向人群为仪式的最高潮部分。

9. 纳西人的占卜方法

占卜是纳西东巴文化的重要组成部分，至今还传承有羊骨卜、鸡骨卜、海贝卜、巴格卜星卜、手指卜、左拉卜等数十种占卜方法。巴格图是巴格卜的重要图式，这种图被画在粗棉纸上，以一只青蛙形体勾画而成，称为"海时巴美"，以蛙体头尾、四肢、肚腹分别指代东西南北中五个方位和金、木、水、火、土五行，配以十二生肖，用于占卜吉凶、疾病、婚姻等。

10. 受欢迎的东巴宫

在东巴文化中，无论是文字、音乐还是舞蹈，它们的传承和发展都离不开东巴。坐落于丽江古城的东巴宫，为现代人提供了一个了解东巴文化的窗口。

东巴宫坐落于丽江古城的东大街，它的门楼上装饰的是东巴的"五幅冠"，大门两旁悬挂着东巴的木牌画，宫内别具一格的装饰和文化活动让人感受到东巴文化所特有的魅力。

中国舞蹈家协会云南分会会员杨宏说："大研古城被列入世界文化遗产以后，国内外的游客都来了，东巴文化又是世界文化遗产中的一个主要组成部分，或者说是内核部分，所以我们希望能搞一个窗口，向人们展示东巴文化的音乐和舞蹈。"

杨宏还说："整个东巴宫的布局，我们认为突出纳西族的特点，就是突出东巴文化的特点。主要是通过东巴的经卷、文物，东巴的绘画、祭祠用品，东巴的壁画、浮雕等等这几个方面来相对完整地介绍纳西族东巴文化的音乐、舞蹈这一块,我们希望加强它的文化氛围,让大家能够相对直观地了解纳西族的音乐、舞蹈文化。"

确实,除了欣赏美丽的自然风光以外,听一听纳西古乐、看一看东巴舞蹈、了解一下东巴文化也是来到丽江的人必不可少的一项内容,东巴宫就是一个很好的平台。整个东巴宫就是一座小而全的民族文化艺术博物馆,通过它可以欣赏到举世无双的东巴文化艺术,领略到真正的纳西古乐以及民间歌舞神韵。

杨宏告诉我们:"在现在这个情况下,我认为挖掘、整理和保护东巴文化是很重要的,所以我们集中了纳西族的一大批民间舞蹈家、歌唱家、演奏家,还有老东巴们,把他们集中到这儿,向他们学习东巴文化,只有学习好了以后才能去传播它。我们也强调一点,就是如果一个民族的文化消亡了,那么这个民族也就不存在了。"

如今,为了能更好地传播东巴文化,东巴宫已组织了纳西地区部分著名老东巴、民间歌手和一些身怀绝技的民间艺人,在保留节目原汁原味的基础上,以东巴文化艺术为主,挖掘整理了一批最富乡土气息和最有民族特色的精彩节目。这些节目新鲜神奇、雍容优雅、深沉浩远、气势豪壮,深受国内外观众的欢迎。

11. 东巴艺术品中的雕塑艺术

东巴艺术品中的雕塑艺术一般指的是东巴在宗教祭祀仪式中制作

使用的木偶、面偶、泥塑和各种竹木编扎品,其造型独特、生动逼真,有较高的艺术欣赏价值。

用树木雕刻成的木偶,是东巴在宗教仪式中制作所用神鬼泥面偶时参考的模型,已收集到的有三十多件。东巴们都有一双具有艺术灵性的巧手,个个能雕会塑,所雕出的各种神木偶,有的似凝神沉思,有的像举手远眺,有的张口欲鸣,有的形貌古怪。东巴木偶则头戴法帽、胸挂神珠,端坐自如,轮廓粗犷,线条刚劲。

在东巴教的三十多种仪式中,都要使用神、鬼及动物的面偶,在仪式活动中,神面偶置于上方神坛上,鬼面偶放于下方鬼寨中。这些面偶用青稞面或大麦面捏成,总计约有两百个,一般须在举行宗教仪式的头天晚上捏制完成,一个东巴一夜能捏出上百个面偶。每个面偶都有固定的形象,并且神态各异。同一类型的鬼面偶,其形状也互有差异,如生有蛇头、鸡头、牛头、马头、羊头等等。

此外还有用泥捏塑的泥偶。这些泥面偶都是东巴信手捏制、一气呵成的,有单纯明快的外形特点。东巴面偶、泥偶和木偶作品中最值得称道的是:作者并不注重刻画形象外部的逼真酷似,而是用整体写意的手法,如眼睛就似随意凹陷的两个洞,嘴巴的轮廓也只似微张的一条缝,从局部看显得十分简单,但如果从整体看,整个造型给人一种活灵活现的感觉,从并不惟妙惟肖的外形中透出一种内在的生命精神。

这些神灵偶像的造型自然浑朴,神态天真憨稚、普通平和,使人感到亲切,全无神灵那种威严神圣、高高在上的感觉,有的还显现出一种滑稽的意味,其人情味、世俗生活气息十分浓郁,造型也完全是山民村夫那种纯朴的气质格调。

另外,在东巴文化艺苑中,还出现了东巴文字和神灵鬼怪形象的木刻雕版。东巴制作木刻雕版的主要目的是想用来拓印,这为广泛传播东巴文化艺术作品创造了条件。

12. 东巴绘画的内容和特点

东巴画是东巴文化的重要内容之一，是最具特色的纳西族美术遗产。它主要表现古代纳西族所信仰的神灵鬼怪和各种理想世界，其中也反映了古代纳西族社会的各种世俗生活。纳西族东巴在做仪式时，要绘出各种各样的佛神、人物、动物、植物以及妖魔鬼怪的形象，并对他们进行膜拜与祭祀，这种服务于宗教活动的各种绘画统称为东巴画。东巴画分有木牌画、纸牌画、布卷画和经文画几类，并且具有象形文字所具有的五个艺术特性，即贝叶经的形式、优美的线条、美丽的色彩、动态的表现和特征的摄取。

虽然传统东巴画也受到了周边民族文化，特别是汉、藏文化的影响，但它仍然比较系统地保持了自己整体的风格和特点。

以纳西族中青年为主体的一批画家，在吸取古老东巴字画精华的基础上，运用现代技法和材料创作出了现代东巴画。现代东巴画的绘画手法因时、因地、因人而异，形成了多种风格，但从总体上大致可分为两类：

（一）保留原始古朴画法。如东巴画谱、木牌画和经书绘画等，此类画多用竹笔和自然颜料绘制，单线平涂，造型质朴古拙，简练概括，形态夸张，线条粗犷流畅，率真豪放，刚柔兼备，有古朴稚拙之美。

（二）吸收融合汉、藏民族画法。如有些卷轴画、神路图和一些画法精细的纸牌画。此类画多用毛笔和矿物质颜料绘制，把东巴画传统的古拙画风与外来的精细清丽画风有机地融汇在一起，形成粗细有致、疏密相间的风格，构图日趋严谨，画面繁实，层次分明，设色富丽，线条工整，造型准确，技术技巧有了突破性发展。

13.《神路图》

在东巴画中，当属布卷画《神路图》最为有名。《神路图》一般长14米，宽26厘米。分为地狱、人类世界、自然天国、天国四个部分，画面色彩鲜明、艳丽，人物造型生动、形象鲜明，既受藏传绘画艺术的影响，又具有纳西族传统的风格和特色，是东巴绘画艺术中的珍品。

《神路图》主要用于丧葬时超度死者亡灵的仪式中，描述了死者亡灵要经过的地狱、人间、自然界、天堂等各阶段的具体场面，有较高的文化和艺术研究价值。

传统的《神路图》绘于手工织成的麻布上，一般由两匹麻布相缀而成，用胶水拌白粉作为底料，均匀地涂在麻布上。这一点极像西方的油画，在做好画布后，东巴们把竹竿或是什么其他的树枝草草削上几刀，便可以开始作画了。《神路图》中的形象塑造以线条为主，勾勒线条的黑色以松烟配胆汁配酒再配以由植物根捣碎而成的纤维调成，最后用松尖笔蘸自制的颜料填彩各种形象。《神路图》从画布、画笔到颜料皆取自自然，土法简制，本身便具有它原始古朴的特色。

传统《神路图》的内容主要表现古代纳西族信仰的神灵鬼怪和各种理想世界，其主要用于宗教，创作动机是为了求神灵赐福泽，却创作出了惊人的艺术作品。《神路图》中所画形象以线为骨，以色为体，既有妖魔丑相、人间百态、神佛安详，又有山水花草、飞禽走兽，极具东方艺术特色。

14. 东巴教的木牌画

在过去，纳西族不论贫富贵贱，都崇拜着自己民族的宗教——东巴教。人的生老病死，都需要通过宗教的手段来解决。在纳西族先民所设计的三十多个不同的祭祀仪式中，广泛地运用着一种原始的绘画仪式，即在一种简单制作的木牌上涂绘各种神鬼形象。这种神秘而可怕的木牌被插竖在祭场四周，东巴祭司们时而跪拜于木牌前，诵经文、献酒茶、奉上热血鲜肉，时而又在木牌前跳神弄鬼，吹号角举刀枪，劈碎木牌抛向远方。

这种木牌还是纳西族最早的文字载体，这样的绘画形式也是纳西族独有的。今天的人们，可以在一册册的破旧古籍中看到一种原始古怪的图画象形文字。纳西族的木迹文字至今仍在使用，大量的祭祀木牌便是物证。这些木牌得以延续的条件是，刀斧在手，树木在旁，制作木牌极为便捷。木牌画多为随用随制，用罢弃之。一般在做仪式前几日，由擅长绘画艺术的东巴们所绘制，高手可日绘十块。小的祭祀仪式，东巴们上午绘制，下午便可举行仪式。

圆木垒成的木楞房是纳西族先民的房屋，屋顶的瓦是数以万计的薄木片，从房顶中抽些木片，砍成木牌形，刨平，所要祭祀的神鬼便可被绘在这些木牌上。威严可敬的神灵，张牙舞爪的鬼魔，使祭祀参与者有直观的感受。木牌插竖于鬼寨中，一股说不清道不明的神秘感笼罩着每一个参与者，很快地仪式便达到了足以使东巴祭祀与操办仪式主人心满意足的效果。东巴教的木牌画就这样得到了祭司与民众的喜爱，世代沿袭，流传至今。

木牌画从形状上来分有七种，从所用材料上来分有三种。有铁杉、云杉两种杉类树，另有松树和申莓树。东巴经中关于《木牌的来历》有这样的句子："深山的杉树可做木牌，这是深山牧羊人发现的；山腰的松树可做木牌，这是岩间猎手发现的；将变得申莓树可做木牌，这是水边的打鱼人发现的。""木牌是由丁巴什罗亲手绘制的。不会做牌顶，仿着蛙头来制作，不会做牌底，照着蛇尾来制作。"

木牌画从宗教用意上区分，可分为五类。第一类为神牌，牌顶稍尖，东巴经中虽有仿蛙头做成的语句，但从宗教的实际寓意来讲，它是按东巴字"天"的形状做成的。这种木牌绘制得较细致，并施以多种颜色，显得既威严又美观。第二类为鬼牌，这种牌多为平顶，是按东巴字"地"的形状而做成的。绝大多数木牌下部尖锐，且斜度较长，以便插竖。鬼牌制作的较粗糙，绘画简略并不施以色彩，显得低劣渺小。东巴们的言外之意便是：鬼魔是不值得恐惧的，在神灵的护佑下人们是可以战胜鬼魔的。第三类是门牌，在纳西语中，有种称为

"楚课"、"尤课"的小木牌，主要用于"祭风"仪式，上绘有十二属相神与风鬼、云鬼等形象。所谓鬼门神之牌，是作为神坛鬼寨之门而设置于祭祀场所的。神门做得精细美观，鬼门做得简陋粗糙。第四类是还债牌，纳西语称其为"趣课"，将偿还鬼怪与自然神的动物与物品绘于其上，如绘有各种野生动物的木牌，意为将这些被人们捕杀了的动物还给自然神，向自然神请罪。第五类便是诅咒牌，即诅咒仇人倒霉的巫术木牌。有一种叫做"罗构"的木牌，是用于巫术的小三角形木牌，上写"将日出方的属木的仇人镇压下去"等咒语，主要用于诅咒仇人，仪式结束后，东巴会把小木牌与代表仇人的泥偶、面偶一道埋于土坑或抛向仇人的村寨，目的非常明确，欲将灾难埋葬或抛给仇人。

木牌画作为一种宗教绘画，有一定的定式，绘制者不得随意增减。木牌画的基本定式主要表现在牌头。凡神牌，牌顶都需有较美观的祥云图案装饰，绘有日月星辰、风雨雷电等图案，于木牌的正位绘上该牌的主要角色——某一位大神。有的神牌顶部绘有白海螺、法轮、净水壶等东巴教中的八种宝物，此类木牌主要用于祈福仪式。鬼牌多做成平顶状，代表魔鬼居于地下，上部绘以足迹鬼怪的木签，并绘以能分清人鬼的卢、沈两位大神，其用意自然是严防鬼魔侵扰人间。仇人木牌无任何装饰，突出了仇人的巨嘴利牙，目的是告诫人们，谨防被其咬伤。

纳西族东巴教的木牌画有较高的艺术性，特别是在原始艺术领域，其最为显著的特点便是洒脱自然、古朴稚拙，毫无粉饰造作之感。多数木牌都是用前绘制，用后鬼牌则被捣毁，神牌也多插于野外祭场不再过问，再用则再绘。画师们往往信手挥舞，一气呵成，祭祀主人又殷勤待以酒肉，在酒力的相助下，笔下生花的力作层出不穷。

至于木牌的风格，与其他画种一样呈多样性。侠肝义胆的东巴祭司，手下跃出的必然是夺人魂魄的豪迈之作；精明细心的画师，其作品多呈华丽多彩之面貌。多数木牌是在木材本色上绘制，也有先把木牌刷成白色再绘的。当然，祭司们只有对神才如此敬爱。如果绘制鬼牌，他们常常会先将木牌涂黑，再在黑底上作鬼画，效果自然非同凡响。

15. 丽江壁画

白沙位于丽江城北约10公里处，也是丽江木氏土司的发祥地，为纳西族最早的政治中心。明朝时期，丽江木氏土司正值鼎盛之时，政局稳定，经济繁荣，为显其富有，大营宫室，建成了一批颇具规模的建筑群，其中所藏的明代壁画是极为珍贵的文物，属国家级重点保护文物。

丽江壁画系明代木氏土司聘请汉、藏、纳西等族的画匠绘制的，以白沙大宝积宫为中心，包括琉璃殿、大定阁、福国寺的护法堂、束河的大觉宫和大研镇的皈依堂等处残存的壁画。壁画共55堵，总面积139.22平方米，规模最大的是大宝积宫的12壁。其中一壁高2.07米，宽4.48米，共画人物600尊，人物形态各异，栩栩如生。大宝积宫现存壁画558幅，是丽江壁画收藏最多的地方。

早年，寒潭寺、万德宫、木氏故宅、雪崧寺等处也有壁画，但无人保护，早已圮毁。近年皈依堂、护法堂的壁画，也相继被毁坏。

白沙壁画对各种宗教文化和艺术流派兼收并蓄，独树一帜。绘画布局周密，用笔严谨，色彩富丽，造型准确，人物形象逼真，明显吸取了东巴画粗犷、色彩对比强烈、线条均匀、笔法洗练等的特点。

1957年有关部门曾经组织美术工作者到丽江从事壁画的临摹工作，共得临本130余件，向全国各大城市巡回展出，受到好评。1983年4月，又与其他民族的壁画、崖画一起在首都北京展出，引起各方重视。这些寺庙殿堂内的壁画题材是宗教人物和传说。内地的殿堂壁画多为一种宗教的内容，而这里的壁画，在一个殿堂里，甚至在一幅壁画里，常有佛教、道教、喇嘛教三种神像并存。这种多宗教糅合的壁画，与丽江所处的特殊地理位置是分不开的。丽江位于滇藏要冲，同时受汉、藏文化的影响；民族杂居，群众宗教信仰较为复杂，其中尤以佛、道、喇嘛三教为盛。面对这一现实，统治者只好"兼容并包"，企图通过佛、道、喇嘛三教的威严，宣扬三教"法力无边"，来安抚、麻痹群众，使其安于受奴役受剥削的地位，以巩固其统治；参加绘制的工匠们，生活在严酷的封建社会中，与各民族的社会生活有血肉联系，通过宗教题材的折光，或隐或显地透露了当时的社会生活和工匠们的美学思想。

在壁画保存最完好、规模最大的大宝积宫内，北壁有一幅《观音普门品图》（203厘米×446厘米）：正中画观音，执法器，坐莲座上；西侧画人，人遇水、火、盗、虎等场面。画中有三个旅行的人，各带包裹雨伞，一遇虎，另一遇盗；左侧画一犯人，赤膊带枷跪地，一差役揪住他的头发，另一差役举剑欲砍，旁有二吏，指点交谈，似主谋者；右侧画一人遇火。这些遇难者于危急时口念观世音，就逢凶化吉，虎盗不敢伤人，差人屠剑自断，火堆变成浅水荷塘。右侧下部有一群百姓，向着正中观音或跪或立，顶礼膜拜。观音莲座上有藏文题记。画虽是明显的宗教宣传，但从图中的官吏、差役、旅人和百姓身上，让人看到了明代边疆社会生活的一些侧影。画的上部有小观音八尊，亦各具神态，右上第三尊观音，倚手沉思，神态惟妙惟肖。这些场面以山石云烟隔开，将它们有机地组织在一个大画面里，布局匀称，错落有致。在西壁的《莲花生祖师图》上，正中画的是藏传佛教即喇嘛教的祖师莲华生。在壁画中，他头戴七宝冠，合掌坐于莲座上，黑衣，头微倾。座下立两小天女，神态优美，四周画百工之神，或坐，或立，或舞，或骑马、舂米、坐船、打猎、木作、纺织、捕鱼、打铁、砍柴等等，是一幅内容丰富的边疆社会生活画卷。

这些壁画在构图、布局、线条、色彩的运用上都有较高的水平。如大宝积宫中的《如来会佛图》（367厘米×498厘米）：如来佛朱衣金身端坐正中，上列十八尊者，两侧画道教神像，下列正中画喇嘛教三护法神，外侧画四大天王，共约百余像。这些神像把佛、道、喇嘛三教的人物都糅合在了一起，层次分明，动静相谐，色彩鲜明，人物生动，是一幅较为精彩的宗教画。在离大宝积宫东北不远的大定阁，正殿东壁上画的喇嘛教欢喜佛抱裸体女神，画面世俗气味很浓。正殿南北二壁的《水月观音》，画文殊、普贤、观音、大势至等佛像，以水月云石相衬，类似一幅山水人物画。如画观音菩萨一幅，观音坐于莲池畔的崖上，脚踏莲花，金身、紫衣、红带，后面花竹成丛，前面池中金荷正开，池水兴波；右上角一散花小天女驾云而至，白鸽相伴，舞于蓝天。画普贤菩萨一幅，普贤于崖上抱膝而坐，身旁鲜花开放，头顶梅花遮盖，右边溪流急湍，波浪迭起，左下角一童牵象，右上角有天女散花。画面精巧严谨，富有装饰情趣。

　　据史料记载，以白沙大宝积宫为代表的丽江壁画，是在明初至清初300多年的时间里陆续绘制完成的。当时的土知府木旺聘请了以马啸仙为首的一批汉族画家，由于绘制时间漫长，工作量浩大，另外还有藏族和白族画家、东巴教弟子、道教弟子也参加了壁画的绘制工作，因此丽江壁画前后风格不一。相传白沙壁画大部分是马啸仙的作品，据《丽江府志略·方伎》载："马啸仙，江南人，工图画，山水臻神品，花卉人物靡不精妙，识者称为马仙画。西域闻其名，延去数载，后复归丽。"看来这一位是汉族画家。又据漾西万德宫（木家院）石碑记载："铸匠云南石凤翼，画工古宗古昌。"古宗即藏族，古昌是一位藏族画工的名字。又据父老传言，白沙原有一处"画匠田"，世代由当地东巴和姓耕种。由此推知，壁画是由汉、藏、纳西等民族的数批画家共同协作完成的，它是滇西北人民共同创造的，是各民族传统友谊的结晶，是一份值得珍视的文化遗产。

16. 旅游者不得不听的音乐盛宴

　　纳西族的音乐，除广泛流传于民间的诗歌舞三者合一的"温麦达"、"阿热热"、"三多舞"等曲调外，还有古典的大型乐曲《白沙细乐》和《丽江古乐》。乐器有横笛、竖笛、芦笛、二簧、南胡、中胡、大胡、苏古笃、三弦、琵琶、筝、瑟、云锣、木点、铃、海螺、鼓、唢呐、长号、钹、芦笙和口弦等，其中有很多乐器是从内地传入的。

《丽江古乐》来源于汉族的洞经音乐和皇经音乐，相传为宋乐，目前保留下来的只有来源于洞经音乐的那部分。传闻原有汉族经文配唱，传到纳西族民间后，逐渐变为单纯的乐曲。整个乐曲分为"神州"和"华通"两个大调，并根据不同内容分为五十多个小调。经常演奏的有"清河老人"、"小白梅"、"水龙吟"、"山坡羊"、"万年欢"、"吉祥"、"八卦"、"步步骄"、"到春来"、"到夏来"、"到秋来"、"到冬来"、"浪淘沙"、"十供养"等二十多个小调。由于这套乐曲长期在纳西族地区广泛演奏，在流传中逐渐融合了纳西族的格调。如有些乐器在演奏时加进了大跳跃的装饰音和音程很大的滑音和颤音，冲淡了汉族原有的清秀、典雅的丝竹乐风，变为了粗犷有力、富有浓厚民族色彩的乐曲。

提到纳西古乐就必须提到它的主要传承者——民族音乐家宣科，拥有400多年历史的丽江大研纳西古乐会正是在他的推广和组织下走向世界的。宣科曾率演奏团到挪威、英国等地演出，使这一古老的音乐焕发出新的生命力。

宣科是一位传奇人物。1957年宣科遭受无妄之灾，被关进了监狱，一直到1978年他才重返故土。有人说宣科去坐牢，像是进了一次美容院，二十余年之后出来，他依然生机勃勃，丝毫看不出一个获释囚徒的沮丧。牢狱生活没有击垮他，因为音乐始终呵护着宣科的心灵。积蓄得太久，所以便聚集了足够的力量。重获自由的他精心撰写了《音乐起源于恐惧》，在《天津音乐学院学报》、《中国音乐研究》等刊物发表之后，在音乐界引起了轰动。他以翔实的资料，独特的见解，有力的论据，向早已成定论的音乐艺术的起源论发起了强劲的挑战。他新奇的观点为人们打开了另一扇独特的视角之窗。不仅在国内引起了轰动，而且在国外音乐理论界也引起了轰动。他更成功地论证了流传于丽江地区的《紫薇八卦》是唐朝皇帝李隆基亲自谱曲的宫廷音乐，与已失传900多年的《霓裳羽衣曲》为同期御制；论证了《浪淘沙》是南唐后主李煜所作……

他潜心发掘和研究纳西古乐，在纳西古乐被世人认知的同时，宣科也获得了世界性的声誉。英国的牛津大学、英国皇家音乐学院、伦敦大学，国内的中央音乐学院、四川音乐学院、中央民族大学、云南大学、云南民族学院等十几所大学和音乐协会邀请他去讲学。他是近半个世纪以来，第一个登上牛津大学讲台的中国大陆学者。

17.《白沙细乐》——活的音乐化石

《白沙细乐》又名《白沙细梨》或《别时谢礼》，全曲分为《序》及《一封书》、《三思渠》、《美丽的白云》、《公主哭》、《云雀舞》、《赤脚舞》、《弓箭舞》、《南曲》、《北曲》、《荔枝花》、《哭皇天》等乐章。乐曲的由来有两种说法：一是相传忽必烈南征大理过丽江时，受到纳西族酋长麦良的欢迎，并协助他征服了邻近地区。离别时，忽必烈把部分乐队和一些乐章送给麦良作为纪念。忽必烈回京即位后，曾问询乐队的情况，麦良就将一个未定名的乐章寄给他，忽必烈回信说这个乐章就叫《一封书》。另一传说是明代木天王想吞并西蕃人住的地方，他先把女儿嫁给西蕃王子，之后又把女儿接回丽江，筹划杀害西蕃王子。女儿悉知其父用心后，就写了一封信套在跟随来的狗的脖子上，并放它回去告知王子。王子即带兵攻打木天王，但中了伏兵，战死在白沙。随后，木天王把女儿关在玉湖的龙亭中，活活折磨致死。《一封书》和《公主哭》这两个乐章就是描写这件事的。虽然乐曲的由来和传说解释不一，但其主题都是表现人们悲壮激烈、缠绵委婉、哀伤动人的内在感情的，因而其中的一些乐章被后人用在办丧事时演奏，成为风俗音乐。

《白沙细乐》的各章之间有内在的联系，但又可独立演奏。《三思渠》、《美丽的白云》、《云雀舞》等还有唱词和伴舞，《三思渠》由白沙的河渠得名，是表现纳西族在玉龙山下修渠，引水灌溉，获得丰收的劳动赞歌；《美丽的白云》则充满着高原生活的气息，演奏这套乐曲的农民要着民族服装，即包头帕，穿长衫，系腰带，富有浓厚的民族气息。

自20世纪40年代以来，很多音乐史家对《白沙细乐》这套组曲进行了研究，认为它是我国屈指可数的几部古典管弦乐之一。除历史悠久之外，其珍贵之处还在于它是丝竹合奏，分章节（尚存8首歌、舞、乐结合而成的套曲），其旋律与"和声"的独特是全国所仅见的。它在我国乃至世界音乐研究领域里都具有重要的研究价值，被誉为"活的音乐化石"。

《白沙细乐》极具悲剧感染力，听过大研古乐队、长永古乐队演奏的一些《白沙细乐》曲目的人，都会被这套纳西古曲的音乐深深感染，犹如寒山孤笛，雪原夜雨。那与纳西族历史上"白沙古战场"、"龙女树"、"黑水白水送魂"等悠悠古事联系在一起的乐章，使人闻之而心灵震颤。

听《白沙细乐》而恸哭悲泣的纳西人是相当多的，就是因为这一套组曲有如此大的悲剧魅力，因此它又被作为"安魂曲"来抚慰受生老病死之苦折磨的红尘中人。

18. 洞经会

说到"洞经会"，我们不得不提一下"丽江的洞经音乐"。"洞经音乐"历史悠久，自明清以来就从中原逐渐引进并植根于纳西族的文化阶层中。洞经音乐原为宫廷音乐，后由丽江木氏土司派遣专人到京城学习洞经音乐，并请来部分乐师教习。从此洞经音乐便得以在边陲丽江流传，并延续至今。

丽江谈演洞经的组织称"洞经会"，俗称"谈经班"，亦称"丽江音乐会"。由于过去加入洞经会的成员多为有功名的官绅文人，故有的地方亦称"文人会"。丽江洞经音乐的乐曲可分为"调高曲"、

"经腔"、"细乐曲牌"、"杂曲"、"打击乐曲牌"等。洞经音乐传到丽江之后,在相当长的时期内曾为有功名的士绅阶层所垄断,只有他们才有资格参加"洞经会"。但是纳西人酷爱音乐的天性最终冲决了这些陈腐的社会观念和规章律条,无数遍及乡村城镇的古乐队自此产生,使原本为上流士绅所垄断的洞经音乐走进了民间,融入了大众。最盛时,每个较大的村落就有一个古乐队。

洞经音乐在使用的乐器中保留着三种外地洞经乐队中难以看到的古老乐器:苏古笃、曲项琵琶和波伯,这使得丽江洞经音乐不论从形式上或情调上都显出典雅、古朴的风采。现在,洞经音乐风靡海外,已应邀赴十多个国家演出。

19. 丰富多样的东巴舞

纳西族有光辉灿烂的古代文化,有900多年历史的东巴教,有内容丰富的东巴经,形成了特有的纳西族东巴文化。东巴经中的《蹉模》,是专门记述舞蹈的经书,从广义上说,也即是舞谱。书中用纳西族象形文字和标音文较为系统地记录了纳西族东巴舞蹈的内容、跳法、图形、舞蹈形式、使用的道具服装等。在我国各民族乃至世界舞蹈艺术宝库中,都是极为罕见珍贵的重要文献,具有很高的历史和科学价值。还有不少东巴舞蹈未记入《蹉模》中,但至今仍保留在东巴们的记忆里。

东巴舞内容丰富、形式多样、独具特色。有模仿动物跳的,有模仿神跳的。由于东巴教是多神崇拜的原始宗教,又盛行于山区,所以神多,动物也多,舞蹈语汇丰富。东巴舞已具有一定的水平,能表现较复杂的情节内容。如表现东巴教始祖丁巴什罗的《什罗蹉》舞蹈,就有较完整的故事内容:开始表现丁巴什罗的母亲战胜恶鬼把他从腋下生出来,接着表现他学走路、刺扎到脚、和鬼恶斗、从天上带领360个教徒到人间来(包括见丁巴什巴、迎丁巴什罗等),以及他的最后一个老婆是妖魔,当他知道后,把它杀死的情节等。每一个情节都有一套或几套完整的舞蹈动作，有固定的程式和规范，有自己的组合规律。每套动作开始和结尾的动作和图形基本上都是固定的，在高潮时，有所要表现内容的典型动作。每个动作都很准确，典型动作则表现对象的性格特征。在《什罗蹉》、《优麻蹉》（护法神）的舞中，多为肃穆庄严、刚劲有力、动作粗犷、目光有神、具有战斗性的动作，多有找鬼、压鬼、杀鬼等动作，动物也多为老虎、大象、牦牛、狮子、飞龙等。表现女神跳动的舞则柔和优美，内在的韧性和呼吸等韵律比较突出，舞蹈者右手拿鼓，左手拿板铃，动物多为孔雀等。另有花舞、灯舞等更具有女性特色的舞蹈，动作优美，图形多变，组合规律与《什罗蹉》等均很不相同。

与东巴经中大量存在的其他艺术形式一样，东巴舞蹈虽然大多数是表现神跳的内容，但实质是神的形象、人的气质，亦神亦人，有的是神的含意、动物的形象、人的气质。因此东巴舞虽然属祭祀性舞蹈，但也具有浓郁的生活气息。

20. 热美蹉

"热美蹉"是纳西族历史上产生比较早的一种古舞，它也记载在东巴的口诵经里。这种古老的歌舞形式如今主要流传在丽江市玉龙县城和大东乡、宝山乡一带的纳西族中。这是一种在丧葬仪式上唱跳的歌舞形式，"热美"是一种精灵，亦雌亦雄，"蹉"意为"跳"和"跳舞"的意思。

东巴口诵经中说道：在纳西祖先梅生都狄都塔之世，人们射杀白鹿。白鹿腐烂的尸首中生出了蛆，从这蛆中生出了白卵，白卵中生出了"热美"这种会飞的精灵。当时人们尚未学会处理尸体，因此"热美"这种精灵便会来吸食死者的血和肉。人们在惊慌失措中群起跳跃吼叫，继而用火烧它们，但这些飞魔反而在烈火中炼成了一种精灵——"热美鬼"。人们最初驱赶它们的跳跃吼叫逐渐演化成了"热美蹉"舞蹈，这种最初为护尸舞性质的舞蹈也成为了丧葬仪式上的驱邪祈福的一种民间歌舞形式。

舞蹈方队是男女舞者各自成队，手牵手围成圆圈，按顺时针方向缓步环篝火而舞。由领舞者即兴作歌，赞美死者一生的德行，宽慰死者的亲属，然后众人边舞边应和。每次跳唱完一段，舞者高喊驱赶声："世！世！世！"然后模仿斗羊动作，腾越跳跃数次。

五、束河篇　束河古镇

束河古镇位于丽江所有景区的核心部位,是游览丽江古城、玉龙雪山、泸沽湖、长江第一湾和三江并流风景区的枢纽点。从丽江古城往北,沿中济海东侧的大路行约四公里,便可见两边山脚下一片密集的村落,那就是被称为清泉之乡的束河古镇。当年徐霞客游芝山解脱林时曾走过此道,他在记述中这样写道:"过一枯涧石桥,西瞻中海,柳暗波萦,有大聚落临其上,是为十和院。""十和"即今束河古镇之古称。

1. 束河的由来

束河,纳西语称"绍坞",因村后聚宝山形如堆垒之高峰,以山命村,流传变化而成,意为"高峰之下的村寨"。束河是纳西族先民在丽江坝子中最早的聚居地之一,是茶马古道上保存完好的重要集镇,也是纳西族先民从农耕文明向商业文明过渡的活标本,是对外开放和马帮活动形成的集镇的建设典范。束河是世界文化遗产丽江古城的重要组成部分,于2005年入选CCTV"中国魅力名镇"。

2. 束河的地理位置

束河古镇位于北纬26度55分,东经100度12分,坐东朝西,背风向阳,村后山林为玉龙山南下之余脉,山形秀丽,植被茂密。古镇依山傍水,民居房舍错落有致,田连阡陌。

北瞰玉龙，东南瞻象山、文笔山，四时风光变幻，尤其村北柳荫深处有九鼎、疏河两个龙潭，泉水清澈、波光闪烁，两个龙潭分为三河水系，沿房前屋后、菜园田边穿流而过，使束河既有山寨之奇，又有水乡之秀，有"清泉之乡"的美名。

其中一潭水，称为"九鼎龙潭"，又称"龙泉"。潭周绿柳垂地，翠柏指天，泉水清澈，游鱼可数。从潭中溢出的流水蜿蜒于村中道旁，远近汩汩有声，清洌甘爽，涌流不绝，使百姓受惠无穷。

3. 束河的气候

束河年平均气温 12.6℃，最高气温 32.3℃，最低气温 -7.5℃。全年分干湿两季，7~9 月为雨季，其余月份为旱季。游客一年四季皆适宜游玩，5~10 月为旅游旺季。

4. 茶马古道博物馆

公元 680 年，吐蕃南征，在丽江设立"神川都督府"，茶马古道由此起始。唐明皇禁茶入藏，促成滇茶进藏。宋王朝因军事需要，刺激"茶马互市的繁荣"，于是，从元、明以来到近代，茶马古道成为滇、藏、川之间经济文化交流的纽带。茶马古道起于滇南，经过大理、丽江、迪庆、拉萨，止于印度，贯穿中国西部人文风情和自然风光最具魅力的"三江并流"和"香格里拉"地域，格外引人关注。

由于开通于唐代的茶马古道从滇南经丽江直达西藏拉萨，经唐、宋、元、明、清千余年的运营发展，促进了沿线各族人民的经济文化交流，束河即是丽江坝子中保存完好的驿站之一，也是 1997 年被列为"世界文化遗产"的丽江古城的重要组成部分。

"茶马古道博物馆"是中国第一家专门研究并展示茶马古道历史文化的博物馆，也是丽江市第一家从事普洱茶文化研究、宣传、推广的专业机构。茶马古道博物馆由序厅、史事一厅、史事二厅、束河厅、皮匠厅、茶马风情厅、茶艺厅、影像资料中心等8个厅组成，比较系统地介绍了茶马古道的起始时间、线路和重大历史事件，是人们了解茶马古道历史文化的重要窗口。

博物馆的建筑原是400多年前木氏土司"束河院"的组成部分，其中的"大觉宫壁画"为江南著名画家马萧仙的作品，一直被保存到现在，该画笔法洗练，技术精湛，有明显的唐代画风，1998年被列为省级重点保护单位。

5. 皮革之乡

由于茶马古道的发展，至明朝，木氏土司延聘了一批江南工匠定居束河。此后，该地成为滇、川、藏交界地域内著名的"皮匠村"，有很多制皮的能工巧匠，出产皮鞋、皮货、麻线、铁器、竹器等，是重要的皮毛集散之地。

束河曾以发达的文化教育和皮革加工、竹编等手工业闻名于世。束河建有"三圣宫"楼阁，为传统四合院，里面供奉皮匠祖师。早在清朝乾隆年间，束河就开设了由政府公助的义学馆，还有三所私塾，近、现代又创办了小学、中学，使束河成为著名的人才之乡。过去束河村从事皮革业的有300多户，日产皮鞋500双，各种皮货销往西藏、西昌、青海等地，有的商品甚至远销印度、尼泊尔等国。故有"束河皮匠，一根锥子走天下"之说。在宁蒗、中甸、德钦，至今还有以束河皮匠聚居而成的皮匠村。1942年，束河皮匠村与国际工会组织合作，通过贷款、集股合资开办过"皮革合作社"。

6. 束河八景

束河历史上以"束河八景"而闻名，它们是烟柳平桥、夜市萤火、断碑敲音、西山红叶、鱼水亲人、龙门望月、雪山倒映、石莲夜读。九鼎龙潭边有清代建造的三圣宫，绿树掩映、花木扶疏、飞檐翘角，登临其上，令人心旷神怡。青龙桥畔，河水喧哗，烟柳拂波，更有古朴民居，粉墙青瓦，高低错落，依山而筑，临水而居，一派江南小桥流水的情调。

烟柳平桥

青龙桥建于明朝万历年间，距今已有400多年历史。它的西面是聚宝山，青龙桥的中轴线正对着聚宝山。这是木氏土司的设计，也是木氏土司鼎盛时期的标志性建筑。桥长25米、宽4.5米、高4米，全部由石块垒砌，被列为丽江古石桥之最。可见束河在丽江历史的经济文化格局中所占的重要地位。青龙桥的桥面经过数百年风雨的洗刷变得斑驳苍老，却不失英雄气势和庄严厚重。站在这里，你仿佛可以听见马蹄的声音在耳畔回响。

在束河古镇还流传着一个故事：藏传佛教大师葛玛马追赶一个魔鬼，从这里一步跨到了玉龙雪山上，在桥上留下了一个仙人的脚印。开春时节，桥畔的杨柳长出了新芽，如烟似纱，仿佛绿色的波浪要涌到青龙桥面上来，这就是束河八景中的一景："烟柳平桥"。

夜市萤火

在束河古镇，同样有值得一看的四方街。到了那里，你会有一种似曾相识的感觉，这是一个类似丽江古城四方街的广场，面积有200多平方米，被叫做束河四方街。赶集的日子，这里是束河最热闹的地方。束河人，甚至周围村镇的人都会到这里来买卖日用品。

四方街长宽不过30米，有五条道路通向四面八方，水流环绕、日中为市，是丽江坝子最古老的集市之一。古时候，束河的四方街上设有夜市，人们像今天的都市人一样漫步在四方街上，随心所欲地走走停停，吃点儿自己想吃的东西，参与一下自己喜欢的游戏，逛夜市的人穿行在青龙河畔，如夏夜流萤，形成了一道风景，叫做"夜市萤火"，被列入束河八景之一。

这个四方街曾是丽江交易毛皮的市场，如今广场的四周均为店铺。这些店铺都是传统的纳西民居建筑，古老的暗红色木板门，还有店前黑亮的青石和脚下斑驳的石坡路面。那些闲坐的老人则是独自坐在太阳底下抽着烟。所有的一切都流露出一种古朴的本色，那么自然，那么宁静。站在广场中心，站在街面上那些被人和马踩踏得光溜平滑的石板上，似乎还能照见束河往日的繁华。

断碑敲音

龙泉潭边有一截断碑，年代已不可考，用石头敲击，会发出清脆的声音，被称为束河八景之———"断碑敲音"。

西山红叶

束河西山上有很多漆树，每到秋天，树叶鲜红，秋光灿烂，漫山遍野一片美丽的绯色，令人赏心悦目，无限留恋。这就是被称为束河八景之一的"西山红叶"。

鱼水亲人

龙泉潭中的鱼儿深受游人们的喜爱，它们不怕人，每当有人喂食的时候，它们便会纷纷争抢食物，溅起的水花时常会泼到喂食者的脸上。人与鱼如此亲昵的相处并不多见，这番情景被列入了束河八景，叫做"鱼水亲人"，充分表现了人与自然和谐相处的动人场景。

龙门望月

龙泉潭上端有一座寺庙，名叫"三圣宫"。西殿供奉观音，北楼供奉龙王，南楼供奉皮匠祖师孙膑，东楼楼基直接入水，三面都有回廊，供游人凭栏远眺。在这里，远近风光尽收眼底，田畴润绿，炊烟袅袅，鸡犬争鸣，一派生机勃勃，无限诗情画意，令人流连忘返。尤其是月明之夜，登楼赏月最有风味，文人墨客每每对月吟诗作画，传为佳话。此景在束河八景中被叫做"龙门望月"。

雪山倒映

沿束河街向北走，路上可以看到一股清流在街道上穿行流淌，汩汩有声。走上二三百米，就来到了这溪流的源头——九鼎龙潭，也就是龙泉潭。由于依山傍水，龙泉潭的潭水比丽江古城的水更加清澈透明，丽江的流水勉强可以洗衣服，这里的水却清澈得让人想弯腰去掬一捧来喝，它日夜泉涌不断，被束河人奉为神灵。

龙泉山下古树参天，一道好水积成九鼎龙潭，潭水清澈晶莹，水草曼舞，游鱼逍遥，玉龙雪山倒映其中，清姿傲岸，意境无穷，成为束河八景之一——"雪山倒映"。

石莲夜读

石莲寺坐落在松云村的西山，山名石莲山，山上有个洞，似虎张开的大嘴，族人视为不祥，于是在洞口修筑寺庙，称石莲寺。山脚下，迎面的石壁上生长着一株株似莲花的植物，从内到外，叶瓣向四周舒展着莲花般的叶片，石壁贫瘠且坚硬，这些神奇的植物却独独生于斯，长于斯，在石壁上修炼，一心虔诚。想来，石莲寺应该是因它而得名。传旧时读书人因贫困，晚上有书而不可读，石莲寺晚有香客点香烛祭拜，于是贫困的读书人相约半夜上山围火夜读，鸡鸣下山。久而久之成了一道风景，叫做"石莲夜读"，被列入束河八景。

7. 束河影视基地

束河，一个刚刚兴起的古老小镇，却因多部影视剧的拍摄而声名鹊起，因此束河为自己定了位：做好云南的第四大影视基地。

束河从清泉涓涓的九鼎龙潭到小桥流水的藏客旧居，放眼苍翠欲滴的田园，它有着得天独厚的地理人文资源，但是真正让束河红起来的却还是那一部部的影视剧。从《摩梭女儿国》到《一米阳光》的拍摄，从《茶马古道》到《铁色高原》的取景，还有《钱王》众多演员的汇集,以及张艺谋《千里走单骑》剧组的进驻,无怪乎,束河打出的招牌就是"云南四大影视基地之一,张艺谋在此拍摄《千里走单骑》"。

如今走进束河,到处都能寻找到某部影片中的熟悉镜头,很多的外地游客纷纷在这些场景中留影,束河的游客也日渐增多,逐渐成为丽江旅游的一个必到之处。

参考书目

杨福泉著:《依山傍水凝古韵:灵韵丽江》,上海文艺出版社 2007 年版。

赵世红、和品正著:《东巴艺术》,山东美术出版社 2009 年版。

木丽春著:《东巴文化揭秘》,云南人民出版社 2005 年版。

方国瑜主编: 《云南史料丛刊》1—13 卷,云南大学出版社 1998—2001 年版。

管学宣等编:《丽江府志略》,丽江纳西族自治县县志编纂委员会,1991 年翻印。

樊绰著:《云南志校释》,中国社会科学出版社 1985 年版。

东巴文化研究所译注:《纳西东巴古籍译注全集》(100 卷),云南人民出版社 1999—2000 年版。

郭大烈、和志武著:《纳西族史》,四川民族出版社 1994 年版。

和志武、杨福泉编:《中国原始宗教资料丛编·纳西族卷》,上海人民出版社 1993 年版。

和志武著:《纳西东巴文化》,吉林出版社 1969 年版。

方国瑜编撰:《纳西象形文字谱》,云南人民出版社 1981 年版。

方国瑜著:《中国西南历史地理考释》上下册,中华书局 1987 年版。

杨福泉著:《纳西族文化史论》,民族出版社 2005 年版。

杨福泉著:《寻找丽江之魂:融入纳西王国》,民族出版社 2006 年版。

杨福泉主编: 《策划丽江:旅游与文化篇》,民族出版社 2005

年版。

云南省编辑组《中国少数民族社会历史调查资料丛刊》修订编辑委员会:《永宁纳西族社会及母系制调查》,民族出版社2009年版。

严汝娴、宋兆麟著:《永宁纳西族的母系制》,云南人民出版社1983年版。

刘宗岳等译:《中国西南古纳西王国》,云南美术出版社1999年版。